SANS GLUTEN

Dans la même collection SAVOIR QUOI MANGER

Marise Charron et Elisabeth Cerqueira, *Arthrite et inflammation,* 2013

Alexandra Leduc, *Diabète,* 2013

Alexandra Leduc, *Hypoglycémie,* 2013

Nathalie Verret, *Maladies cardiovasculaires,* 2013

Alexandra Leduc, *Ménopause,* 2014

Alexandra Leduc, *Cholestérol,* 2014

Alexandra Leduc, *Syndrome du côlon irritable,* 2014

Avertissement

Le régime sans gluten ne doit pas être entrepris sans une évaluation préalable par un médecin dans le cadre d'une démarche menant au diagnostic de la maladie cœliaque ou de la sensibilité non cœliaque au gluten. L'application à l'aveugle d'un tel régime sans diagnostic préalable comporte des risques pour la santé d'un individu (comme l'anémie ou la dénutrition). Qui plus est, la maladie peut être présente, mais asymptomatique, et le diagnostic sera alors difficile à établir. Éliminer le gluten avant d'avoir effectué des examens de dépistage risque de compromettre le diagnostic du médecin. Donc, si vous pensez souffrir d'intolérance au gluten, il est primordial que vous consultiez un médecin avant de commencer un régime sans gluten strict.

LES PUBLICATIONS MODUS VIVENDI INC.
55, rue Jean-Talon Ouest, 2e étage
Montréal (Québec) H2R 2W8
CANADA

www.groupemodus.com

Éditeur : Marc Alain
Éditrice déléguée : Isabelle Jodoin
Adjointe à l'édition et réviseure : Nolwenn Gouezel
Designers graphiques : Émilie Houle, Gabrielle Lecomte et Marianne Lapointe
Photographe des recettes : André Noël
Styliste culinaire : Gabrielle Dalessandro
Photographe des auteures : Sergei Bergen (bergenarts.com)
Photographe de la préfacière : Frédéric Bergeron (2t3mPhotos.com)
Photographies supplémentaires : Dreamstime.com

IBSN 978-2-89523-798-3

Dépôt légal — Bibliothèque et Archives nationales du Québec, 2014
Dépôt légal — Bibliothèque et Archives Canada, 2014

Nous reconnaissons l'aide financière du gouvernement du Canada par l'entremise du Fonds du livre du Canada pour nos activités d'édition.

Gouvernement du Québec — Programme de crédit d'impôt pour l'édition de livres — Gestion SODEC

Imprimé en Chine

SAVOIR QUOI MANGER

SANS GLUTEN

21 JOURS DE MENUS

Elisabeth Cerqueira et Marise Charron,
nutritionnistes-diététistes, Dt.P.

MODUS VIVENDI

PRÉFACE

Nicole LeBlanc, Dt.P.

Les consommateurs, depuis quelques années, sont de plus en plus préoccupés par les intolérances et les allergies alimentaires, dont le gluten.

Selon Euromonitor (2012), le marché du « sans gluten », évalué à 16,9 millions de dollars américains en 2006, a presque doublé en 2012, les ventes de détail s'élevant à 31,7 millions.

Des études récentes de l'Organisation mondiale de la santé (OMS) révèlent une prévalence plus élevée que prévu de la maladie coeliaque dans le monde, dont environ 1 % en Amérique du Nord. De plus, une nouvelle condition médicale maintenant reconnue par la communauté scientifique, la sensibilité non coeliaque au gluten, justifie le retrait du gluten pour un meilleur confort gastro-intestinal. En septembre 2013, au symposium international sur la maladie coeliaque à Chicago (ICDS 2013), les experts présents évaluaient entre 1 et 6 % la fréquence de ce problème.

On ne saurait trop insister sur l'importance d'un régime sans gluten à vie pour la santé des personnes souffrant de ces deux conditions. Dans le cas de la maladie coeliaque, seul un retrait strict du gluten permet la régénération de la muqueuse intestinale.

Pour ma part, je peux mesurer, grâce à mon expérience familiale, l'évolution des connaissances sur la maladie, le traitement et sur la cuisine sans gluten. Lors du diagnostic de ma mère, il y a plus de quarante ans, très peu de produits commerciaux étaient disponibles, encore moins de recettes sans gluten. Les premiers essais culinaires furent très décevants, faute d'information et de bons produits de base. Étant moi-même atteinte de la maladie coeliaque depuis quinze ans, j'apprécie la plus grande disponibilité des produits sans gluten sur le marché.

Cependant, l'offre accrue n'est pas toujours synonyme de qualité nutritionnelle. Je déplore souvent la teneur élevée en fécules, sucre et gras de plusieurs produits. Les études scientifiques publiées dans les dernières années viennent corroborer cette observation. L'adhésion au régime sans gluten sans supervision diététique peut conduire à un gain de poids non désiré, un risque accru de carences d'apport en vitamines du complexe B, en fer, calcium, vitamine D et fibres.

L'accompagnement d'une nutritionniste qualifiée, tant au début du diagnostic que dans le suivi à long terme, est essentiel à l'intégration des nouvelles habitudes alimentaires, au suivi nutritionnel et à la découverte de nouveaux aliments sans gluten nutritifs.

Apprendre à cuisiner sans gluten s'avère également un atout très précieux pour mieux contrôler son budget alimentaire et pour améliorer le contenu nutritionnel de son alimentation.

J'accueille donc avec plaisir la parution du livre *Sans gluten* de Mmes Elisabeth Cerqueira et Marise Charron, deux collègues passionnées et soucieuses du bien-être de leurs clients. Elles présentent avec clarté et concision les différentes conditions médicales reliées à la consommation du gluten, les enjeux nutritionnels du suivi à long terme du régime et des trucs pratiques pour cuisiner sans gluten. Les auteures proposent un menu de 21 jours et des recettes savoureuses, permettant de rencontrer les besoins nutritionnels.

Avec ce livre et en adhérant à la Fondation québécoise de la maladie cœliaque (FQMC), les personnes atteintes de la maladie bénéficieront d'outils précieux pour vivre au quotidien le retrait strict et permanent du gluten de leur alimentation.

Nicole LeBlanc, Dt.P.,
membre du comité de nutrition de la FQMC

LA FQMC

La Fondation québécoise de la maladie cœliaque (www.fqmc.org) est un organisme sans but lucratif créé afin de venir en aide aux personnes atteintes de la maladie coeliaque. Elle apporte soutien et conseils, et fournit des informations régulièrement mises à jour sur la maladie ainsi que sur la seule façon de contrôler la maladie : le régime sans gluten.

TABLE des matières

INTRODUCTION

On assiste à un engouement sans précédent autour du « sans gluten ». Est-ce une mode passagère ? Peut-on réellement être intolérant au gluten ? Avec tout ce que l'on entend sur le sujet, nombreux sont ceux qui se lancent dans l'alimentation sans gluten. Mais qui dit « sans gluten » ne veut pas dire « sans danger », même si certaines personnes peuvent noter une amélioration de leur santé intestinale en suivant un tel régime.

En tant que nutritionnistes cliniciennes, nous rencontrons de plus en plus de personnes désireuses d'en savoir davantage sur le sujet. Nous croyons qu'il est possible de bien se nourrir en optant pour des aliments variés lors de l'adoption d'un régime sans gluten, lequel est incontournable en présence de la maladie cœliaque. Dans cet ouvrage, vous trouverez des conseils simples et pratiques que vous pourrez suivre au quotidien afin de vous nourrir sainement et de satisfaire vos besoins nutritionnels.

La première partie de ce guide regroupe les informations clés concernant la maladie cœliaque, la sensibilité non cœliaque au gluten et l'allergie au blé. La deuxième partie concerne la vie sans gluten au quotidien. Des conseils pratiques, un menu de 21 jours ainsi que des recettes simples et délicieuses, concoctées par notre chef Michael Linnington, vous permettront de faire de belles découvertes et de suivre votre régime sans gluten sans vous casser la tête !

LA MALADIE CŒLIAQUE,
la sensibilité non cœliaque au gluten et l'allergie au blé

Il ne faut pas confondre la maladie cœliaque avec la sensibilité non cœliaque au gluten et l'allergie au blé.

La maladie cœliaque est une maladie auto-immune, c'est-à-dire qu'il y a une réaction du système immunitaire lorsqu'il y a consommation de gluten, laquelle détruit les villosités intestinales responsables de l'absorption de la majeure partie des nutriments, des vitamines et des minéraux.

La sensibilité non cœliaque au gluten est une forme d'intolérance alimentaire. Le corps réagit au gluten, mais sans créer de dommages dans l'appareil digestif.

Enfin, l'allergie alimentaire est une réponse immunitaire anormale à l'encontre des allergènes (dans ce cas, au blé), et elle aboutit à la formation d'anticorps.

Avant de voir plus en détail ces trois pathologies, voici un petit cours de biologie pour vous permettre de comprendre les enjeux de la maladie cœliaque.

PETIT COURS DE BIOLOGIE

Le tube digestif permet la digestion des aliments et l'absorption des vitamines, minéraux, protéines, sucres et matières grasses qui fournissent l'énergie au corps.

L'intestin grêle (petit intestin) est la partie du tube digestif qui se situe entre l'estomac et le côlon (gros intestin). Sa longueur est d'environ 6 m et son diamètre de 2,5 cm. L'intestin grêle permet l'absorption de plusieurs nutriments comme les protéines, les sucres simples, les gras, le fer, le calcium, le zinc, le magnésium, l'acide folique, les vitamines A, D, E, K et B_{12}.

L'intestin grêle sert également à fabriquer et à maintenir les défenses immunitaires contre les corps étrangers. Sa muqueuse présente de minuscules excroissances d'environ 1 mm. Ces replis, appelés villosités, forment des vagues qui augmentent la surface d'absorption de l'intestin. Celle-ci est estimée à environ 300 m^2, soit la superficie d'un terrain de football.

Les villosités permettent aux nutriments contenus dans les aliments d'être absorbés par les parois de l'intestin grêle pour passer dans le sang. Une personne dont les villosités sont endommagées risque de souffrir de carences alimentaires malgré une alimentation équilibrée, puisque l'intestin abîmé devient incapable d'absorber certains nutriments, vitamines et minéraux. À terme, il peut s'ensuivre une malnutrition.

L'intestin grêle est le siège de la maladie cœliaque (prononcer *céliaque*) dont le nom provient du grec *koeliakos* (« qui appartient aux intestins »).

LA MALADIE CŒLIAQUE

Connue également sous le nom d'entéropathie au gluten, et parfois assimilée à une intolérance au gluten, la maladie cœliaque est une maladie auto-immune et une condition chronique.

Chez la personne prédisposée génétiquement à la maladie, l'ingestion de gluten provoque une réponse disproportionnée et exagérée du système immunitaire. Les anticorps et cellules inflammatoires libérés endommagent alors les villosités de l'intestin grêle, limitant ainsi sa surface d'absorption. Il s'ensuit une malabsorption des nutriments (protéines, graisses, sucres, vitamines et minéraux), et les nutriments non absorbés sont éliminés dans les selles. Avec le temps, les dommages et les carences nutritionnelles qui en découlent provoquent l'apparition de symptômes très diversifiés.

Qui plus est, la paroi intestinale ne peut plus jouer son rôle de barrière protectrice.

LES PRINCIPAUX SYMPTÔMES

Les symptômes de la maladie cœliaque varient d'une personne à l'autre. Comme ils ne sont pas tous apparents, il est important de consulter un médecin.

SYMPTÔMES ASSOCIÉS À LA MALADIE CŒLIAQUE CHEZ L'ADULTE	
Symptômes fréquents (deux fois plus de cas que dans la population en général)	**Symptômes moins fréquents**
• Malabsorption symptomatique • Diarrhée avec perte de poids • Diarrhée chronique avec ou sans douleur abdominale • Déficience chronique en fer et anémie • Désordre du métabolisme osseux et ostéoporose prématurée • Ballonnements et flatulences après les repas • Perte de poids inexpliquée • Enzymes du foie élevées • Découverte fortuite d'atrophie des villosités intestinales • Dermatite herpétiforme (éruptions cutanées) • Neuropathie périphérique (diminution de la sensibilité des membres inférieurs) • Aphtes (ulcères buccaux) • Désordres de la thyroïde	• Hémosidérose pulmonaire • Infertilité masculine ou féminine inexpliquée • Dyspepsie (difficulté à digérer les aliments) • Aménorrhée (absence de menstruations) • Fatigue chronique • Épilepsie ou ataxie (pathologie neuromusculaire qui occasionne un manque de coordination des mouvements) • Constipation • Douleurs abdominales récurrentes

Source : 2013 ACG Clinical Guidelines : Diagnosis and Management of Celiac Disease

Chez l'enfant, on peut également observer :

- des vomissements accompagnés ou non de diarrhée;
- un retard de croissance ou une petite taille;
- une anomalie de l'émail dentaire;
- de l'irritabilité ou une modification du comportement;
- un retard de la puberté.

La maladie cœliaque peut également être asymptomatique. Elle peut notamment devenir silencieuse ou en phase de latence après l'adolescence et être réactivée plus tard à l'âge adulte. L'individu ne ressent pas de symptômes. Toutefois, il en résulte des dommages intestinaux tangibles.

L'intolérance au lactose : une condition fréquente lors du diagnostic

Lorsque les villosités sont endommagées, il arrive également que le corps ne fabrique pas suffisamment de lactase, l'enzyme requise pour la digestion du lactose. Apparaît alors une intolérance au lactose. Cette intolérance est généralement temporaire. Après quelques semaines d'une alimentation sans gluten, la muqueuse intestinale se rétablit suffisamment pour retrouver une activité normale de la lactase.

LES CAUSES PROBABLES

Trois conditions doivent être présentes pour développer la maladie cœliaque :

- une prédisposition génétique,
- la consommation de gluten,
- des facteurs déclencheurs : un stress physiologique potentiel (comme une grossesse), la ménopause, une infection intestinale, une chirurgie abdominale, etc.

Les infections gastro-intestinales répétées peuvent augmenter le risque chez les jeunes enfants s'ils sont porteurs des gènes impliqués.

Lorsqu'un membre de la famille est atteint, les autres membres apparentés au premier degré (frère, sœur, parents) présentent de 10 à 15 % plus de risques de développer la maladie un jour. Chez les vrais jumeaux, le risque atteint quasiment 100 %.

LE DÉPISTAGE

Le dépistage de la maladie cœliaque s'effectue par une analyse sanguine. Si le résultat est anormal, une biopsie duodénale (première partie du petit intestin) doit être réalisée afin de repérer la présence de cellules inflammatoires et d'analyser la forme des villosités. Seule la biopsie permet de confirmer la maladie même si l'analyse sanguine est normale (faux négatif).

L'obtention d'un dépistage fiable repose sur la consommation régulière de sources de gluten. Toute personne ayant déjà mis en place un régime sans gluten devra réintroduire dans son alimentation deux tranches de pain contenant du gluten, et ce pendant un mois, avant de se soumettre au prélèvement sanguin et à la biopsie.

LE TRAITEMENT

À l'heure actuelle, le seul traitement de la maladie cœliaque est le régime sans gluten (voir Le régime sans gluten, page 23). Plusieurs recherches sont en cours afin de trouver un traitement alternatif.

Ce régime doit être suivi à la lettre pour permettre la réparation de la muqueuse et la préserver intacte (voir Les complications associées à un suivi non strict, page 20) et il doit également faire l'objet d'un suivi médical et nutritionnel. Rappelons que lorsque la maladie cœliaque est diagnostiquée, le régime doit être très strict, sans aucune trace de gluten, afin de ne pas risquer d'endommager la paroi intestinale.

Lorsque le gluten est totalement éliminé de l'alimentation, la paroi de l'intestin se reconstruit et peut de nouveau jouer son rôle d'absorption et celui de barrière. Le temps requis pour éprouver les bienfaits est très variable (de quelques jours à quelques semaines). Selon le niveau d'atrophie des villosités, la régénération complète de la muqueuse peut prendre entre 6 mois et 2 à 3 ans, voire plus.

Actuellement, il n'existe aucun médicament ni supplément d'enzymes permettant de décomposer le gluten contenu dans les aliments. Seul le suivi strict du régime permet un retour à la santé.

LA SENSIBILITÉ NON CŒLIAQUE AU GLUTEN

Actuellement, il n'existe pas de consensus dans la communauté scientifique sur la prévalence de la sensibilité non coeliaque au gluten. Les experts semblent réviser à la baisse, c'est-à-dire entre 1 et 6 %, la fréquence de ce problème, car d'autres facteurs que le gluten pourraient être impliqués dans la symptomatologie gastro-intestinale. La teneur en fructanes du blé, un glucide partiellement digéré et très fermentescible, pourrait expliquer jusqu'à 80 % des problèmes décrits par les individus souffrant de ballonnements, flatulences, crampes et diarrhées.

On ignore les causes exactes et actuellement il n'existe pas de marqueurs biochimiques permettant d'en faciliter le diagnostic. On procède donc par exclusion pour établir le diagnostic. La sensibilité non cœliaque au gluten se manifeste par des symptômes souvent comparables à ceux de la maladie cœliaque.

Symptômes de la sensibilité non cœliaque.

- Flatulences
- Douleurs abdominales
- Diarrhées
- Douleurs musculaires
- Éruptions cutanées
- Maux de tête et migraines

Contrairement à la maladie cœliaque, cette intolérance n'implique pas le système immunitaire. L'intestin grêle n'est aucunement affecté, ce qui rend très peu probable le risque de carences nutritionnelles.

De récentes recherches se sont intéressées aux glucides à chaîne courte, les « fructanes », que l'on trouve principalement dans la céréale de blé. Ce serait un élément potentiellement déclencheur autre que le gluten. Quoi qu'il en soit, la seule façon de mettre en évidence la sensibilité non cœliaque au gluten consiste à retirer momentanément toutes les sources de gluten et d'observer l'évolution.

Le traitement de la sensibilité non cœliaque au gluten est un régime sans gluten accompagné d'un suivi médical et nutritionnel (voir Le régime sans gluten, page 23). Avant d'entreprendre un régime sans gluten, rencontrez votre médecin pour vous assurer que vous n'avez pas la maladie cœliaque. Entreprendre un régime sans gluten avant de subir un test sanguin et une biopsie pourrait fausser la précision du diagnostic de maladie cœliaque puisque les tests requièrent la consommation de gluten durant un mois au minimum.

L'ALLERGIE AU BLÉ

L'allergie au blé est une réaction de l'organisme aux protéines du blé. Le système immunitaire se sensibilise progressivement, par contacts répétés, avec les protéines de la céréale pour finalement provoquer une réaction immunitaire importante.

Les symptômes allergiques se manifestent habituellement au niveau du système respiratoire par un œdème (gonflement) rendant la respiration plus difficile et pouvant causer un choc anaphylactique. La réaction allergique peut également être cutanée (eczéma, urticaire) ou digestive (nausées, vomissements).

L'allergie au blé se manifeste surtout chez les très jeunes enfants et disparaît, dans la plupart des cas, avant l'âge adulte.

Le diagnostic peut être posé après un simple test cutané visant à tester la réaction allergique de l'organisme.

La seule façon de supprimer les symptômes de l'allergie au blé est d'éliminer de l'alimentation les aliments qui en contiennent, mais il n'est pas nécessaire de les enlever tous.

INFORMATIONS RELATIVES AU RÉGIME SANS GLUTEN

LES COMPLICATIONS ASSOCIÉES À UN SUIVI NON STRICT

L'effet de la consommation de gluten varie d'une personne à l'autre. Certaines sont très sensibles et ressentent facilement les signes de contamination alors que d'autres ne constatent aucun changement. Les symptômes apparaissent en général quelques heures après le contact avec le gluten et peuvent persister pendant quelques jours. La consommation de gluten peut causer des symptômes tels que des maux de tête, de la diarrhée, des douleurs abdominales et de la léthargie.

Actuellement, nous ignorons l'impact d'une contamination occasionnelle, même en très petite quantité, sur les complications à long terme associées à la maladie.

La malabsorption consécutive à l'atrophie des villosités entraîne un risque accru d'anémie, d'ostéoporose et, à long terme, de cancer du petit intestin (lymphome du grêle) si le régime sans gluten n'est pas suivi correctement.

Certaines personnes cœliaques ne répondent pas au retrait du gluten. Les principales raisons sont une exposition volontaire ou accidentelle au gluten, un syndrome de l'intestin irritable, une inflammation de la muqueuse du gros intestin ou encore une intolérance au lactose.

LES DÉDUCTIONS FISCALES ET LES COÛTS DU RÉGIME SANS GLUTEN

Au Canada, le gouvernement fédéral offre une compensation financière aux personnes souffrant d'allergies alimentaires impliquant des coûts supplémentaires dans le budget des familles canadiennes. Pour bénéficier de cette aide financière, la personne cœliaque doit déclarer la différence de coût entre un aliment ordinaire et un aliment sans gluten dans ses frais médicaux admissibles.

Voici des documents nécessaires pour votre déclaration fédérale de revenus :

- une lettre d'un médecin attestant que vous souffrez de la maladie cœliaque;
- les reçus justifiant les montants à ajouter à la déclaration de revenus afin de recevoir le crédit demandé;
- un document détaillant tous les produits achetés durant l'année fiscale.

Consultez le site de l'Agence de revenu du Canada pour avoir plus de détails :
www.cra-arc.gc.ca/tx/ndvdls/tpcs/ncm-tx/rtrn/cmpltng/ddctns/lns300-350/330/clc-fra.html
Notez qu'il n'existe pas de compensation au niveau du gouvernement provincial.

D'autres pays, comme la Suisse, offrent également des déductions fiscales. Quel que soit votre pays, renseignez-vous auprès de votre administration fiscale.

LE RÉGIME sans gluten

Le régime sans gluten consiste à éliminer définitivement de son alimentation toute source de gluten, c'est-à-dire toutes les céréales qui en contiennent de même que les sous-produits de ces céréales et les produits fabriqués à partir de ces sous-produits.

Ce chapitre consacré au régime sans gluten vous permettra de suivre facilement votre diète et d'adopter durablement de saines habitudes alimentaires. Vous y trouverez, entre autres, des recommandations pour maintenir une alimentation équilibrée et prévenir les risques de carences alimentaires, mais aussi des idées pour varier vos menus, des conseils pour cuisiner sans gluten et des règles d'hygiène pour éviter la contamination croisée.

N'hésitez pas à demander conseil à votre médecin et à votre diététiste pour un suivi médical et nutritionnel personnalisé.

LE RÉGIME SANS GLUTEN :

1. Les bases d'une alimentation sans gluten
2. Les aliments permis, à surveiller et à éviter
3. Les risques de carences nutritionnelles
4. Des idées variées pour transformer vos contraintes en plaisir
5. De saines habitudes alimentaires
6. Comment cuisiner sans gluten
7. La contamination croisée dans la cuisine
8. Conseils pour manger au restaurant
9. Conseils pour voyager

1 LES BASES D'UNE ALIMENTATION SANS GLUTEN

Le gluten est un terme générique utilisé pour désigner une fraction de protéines présente dans plusieurs céréales. Cette protéine confère notamment du volume et de l'élasticité aux produits de boulangerie et de pâtisserie. Le gluten rehausse le goût, sert de stabilisant et même d'épaississant.

Utilisez l'acronyme **SABOT** comme moyen mnémotechnique pour vous rappeler des cinq principales sources de gluten :

S : Seigle
A : Avoine*
B : Blé (incluant l'épeautre et le kamut)
O : Orge
T : Triticale (plante hybride artificielle entre le blé et le seigle)

Pour avoir une alimentation saine sans gluten, choisissez des aliments simples, c'est-à-dire non transformés. Les fruits, légumes, noix, graines, viandes, poissons et légumineuses sont exempts de gluten. Tous les autres aliments doivent être inspectés en examinant attentivement la liste des ingrédients (voir Les aliments permis, à surveiller et à éviter, page 27) et l'endroit de fabrication. Au besoin, appelez la compagnie pour vérifier le risque de contamination sur la chaîne de production ou dans l'entreprise.

Faites attention aux cosmétiques : jusqu'à preuve du contraire, seule l'ingestion de sources de gluten déclenche une réaction cutanée. On suggère aux femmes de porter une attention particulière aux baumes à lèvres et aux rouges à lèvres.

Quant aux produits pharmaceutiques (médicaments et compléments alimentaires), ils peuvent contenir dans leur enrobage (ingrédients non médicinaux) des amidons ou des arômes de source inconnue ou peuvent être exposés à une contamination croisée lors de leur fabrication. Il est donc important de vous informer auprès de votre pharmacien avant d'acheter des produits en vente libre et des médicaments sous prescription.

* Il existe de l'avoine pure, non contaminée. En se basant sur une revue de la littérature scientifique et sur l'opinion d'associations internationales, Santé Canada a émis une position en 2007 à savoir que les personnes cœliaques pouvaient consommer l'équivalent d'une portion de 50 g (½ tasse) d'avoine pure sous supervision médicale. Notez que 5 % de la population cœliaque ne tolère pas cette fraction protéique de l'avoine pure.

Conseils pour faire vos achats

- Important : une absence de mise en garde sur une étiquette ne signifie pas que le produit alimentaire en question ne contient pas de gluten si le produit n'appose pas l'allégation « sans gluten ».
- Au Canada, le gluten fait partie des allergènes prioritaires. La nouvelle réglementation exige que ceux-ci figurent sur l'étiquette de la plupart des produits préemballés, soit dans la liste des ingrédients, soit dans une mention « contient... ». La formulation « peut contenir... » est utilisée pour les mises en garde concernant le risque de contamination. Les compagnies ne sont pas obligées par la nouvelle réglementation d'inscrire une mise en garde sur le risque de contamination. Portez également attention aux produits importés.
- Même si un produit ne contient pas naturellement de gluten, tenez compte des contaminations éventuelles, notamment pour les céréales, les farines ou encore les pains et gâteaux à base de farines naturellement sans gluten.
- Lorsque vous faites vos achats, ayez à portée de main votre liste de produits céréaliers permis : riz, quinoa, sarrasin, amarante, pomme de terre, etc.
- Achetez simple et frais : fruits, légumes, viandes, volailles, œufs, poissons, noix, légumineuses, produits laitiers. D'une manière générale, plus un aliment est transformé, plus il est susceptible de contenir du gluten.
- Les légumes et fruits surgelés sont d'excellents choix.
- Vous pouvez trouver des grignotines sans gluten, mais mieux vaut opter pour des crudités, fruits, noix et graines pour les petites fringales.
- Plusieurs farines sans gluten sont maintenant proposées sur le marché. Profitez-en pour faire vos propres pains et gâteaux maison.
- Évitez d'acheter les épices et fines herbes du commerce, surtout en vrac, car elles peuvent être contaminées. Il est préférable de cultiver quelques herbes et épices, puis de les faire sécher ou bien congeler dans des petits cubes à glaçons en ajoutant de l'huile d'olive.
- Voici des marques de commerce qui peuvent vous aider lorsque vous faites vos achats : Glutino, Udis, Kinnikinnick, Cuisine L'Angélique, Enjoy Life, Cuisine Soleil, La Maison Cannelle, Food for Life, les craquelins Le pain des fleurs, les yogourts de soya Soyummi, les yogourts So Delicious faits de boisson d'amande ou de lait de coco, les poudings Belsoy au chocolat noir ou au caramel, les biscuits au manioc Casabi Biologique, les boissons de riz Natura à base de riz. Attention : si vous êtes diabétique, ces produits sont assez sucrés et apportent peu de protéines.

2 LES ALIMENTS PERMIS, À SURVEILLER ET À ÉVITER

L'information présentée ici par groupes alimentaires vous permettra d'entreprendre facilement un régime sans gluten. Pour vous aider à mémoriser les céréales non permises, rappelez-vous de l'acronyme SABOT (voir Les bases d'une alimentation sans gluten, page 24).

Pour les aliments à surveiller, assurez-vous qu'il n'y a pas de risques de contamination croisée ni d'allégations telles que « peut contenir ». Au besoin, contacter les fabricants. Vérifiez également la liste des ingrédients pour connaître la composition exacte des produits.

PRODUITS LAITIERS ET SUBSTITUTS

Aliments permis	Aliments à surveiller	Aliments à éviter
• Lait • Crème, babeurre • Yogourts nature sans amidon • Fromage, fromage à la crème, fromage en tranches, fromage cottage ou ricotta	• Boisson de soya, d'amande, de riz • Yogourts aromatisés, yogourts glacés • Crèmes glacées • Fromage râpé assaisonné (aromatisé) • Tartinades de fromage • Sauces à base de fromage	• Lait malté • Crèmes glacées faites à partir d'ingrédients non permis • Tous les aliments qui contiennent des arômes non identifiés, de l'arôme de malt, des extraits de malt, de la fécule, des protéines de blé hydrolysées, de la levure et de l'extrait de levure autolysée

PRODUITS CÉRÉALIERS

Aliments permis	Aliments à surveiller	Aliments à éviter
Céréales et produits à base de farines ou de fécules permises qui portent l'allégation « sans gluten » : • Amarante • Arrow-root • Millet • Maïs • Manioc • Noix de coco (farine) • Pommes de terre • Quinoa • Riz • Sarrasin • Sorgho • Soya • Tapioca • Tef • Levures • Psyllium	• Toutes les céréales et farines naturellement sans gluten mais ne portant pas l'allégation « sans gluten » • Céréales de riz ou de soya pour bébés	Céréales et produits faits à partir de : • **S**eigle • **A**voine : produits d'avoine commerciale* (exemples : son d'avoine, farine d'avoine, gruau) • **B**lé : farine, son de blé, fécule de blé, germe de blé, semoule de blé, amidon de froment **, farine durum, farine Graham, boulgour, faro, kamut, épeautre • **O**rge : extrait ou arôme d'orge malté, malt, arôme de malt • **T**riticale (hybride du seigle et du blé) • Levures chimiques à base d'amidon de blé Attention : la mention « sans blé » sur les paquets de céréales ne signifie pas « sans gluten ».

* L'avoine permise doit être pure, sans contamination croisée avec le blé, l'orge ou le seigle.
** Certains produits importés présentant l'allégation « sans gluten » contiennent de l'amidon de froment.

PRODUITS CÉRÉALIERS (SUITE)

Aliments permis	Aliments à surveiller	Aliments à éviter
• Macaronis, spaghettis et nouilles à base de maïs, de lentilles, de pois secs, de pommes de terre, de quinoa, de riz, de sarrasin ou de soya	• Pâtes alimentaires de sarrasin ou de soya sans l'allégation « sans gluten »	• Pâtes alimentaires faites à partir du blé, de l'amidon de froment et autres ingrédients non permis (exemple : orzo)
• Riz nature : basmati, noir, brun, jasmin, blanc, rouge, sauvage, arborio	• Mélanges de riz assaisonnés ou aromatisés	
• Tortillas de riz brun • Tortillas de tef	• Tacos de maïs	• Tacos et tortillas de farine de blé • Matza • Couscous • Taboulé
• Craquelins avec l'allégation « sans gluten »	• Craquelins de riz, galettes de riz, galettes de maïs soufflé, nature ou aromatisés Vérifiez qu'ils ne contiennent pas de protéines de blé hydrolysées ou d'amidon.	• Craquelins de blé ou multigrains
• Pain eucharistique sans gluten (marque EnerG)		• Pain eucharistique traditionnel (hostie)

VIANDES ET SUBSTITUTS

Aliments permis	Aliments à surveiller	Aliments à éviter
• Viandes et volailles nature (fraîches ou surgelées)	• Charcuteries ou viandes froides (exemples : saucisson de Bologne, salami), saucisses fumées, saucisses, pâtés, tartinades de viande et à sandwich, viandes séchées • Galettes surgelées de viande rouge ou de poulet • Jambons (prêts à cuire), pains de viande	• Dinde surgelée arrosée ou à laquelle des protéines de blé hydrolysées ont été injectées • Dinde surgelée ou dinde fraîche avec de la farce à base de pain • Poitrines de poulet surgelées contenant du bouillon de poulet (fait à partir d'ingrédients non permis) • Viandes et volailles panées dans des produits non permis
• Poissons (frais ou surgelés)	• Poissons assaisonnés et poissons fumés • Galettes surgelées de poisson • Produits d'imitation du poisson (exemple : surimi) • Sushis (certains peuvent contenir de la sauce soya)	• Poisson en conserve dans un bouillon de légumes contenant des protéines de blé hydrolysées • Poissons panés dans des produits non permis • Pizzas

VIANDES ET SUBSTITUTS (SUITE)

Aliments permis	Aliments à surveiller	Aliments à éviter
• Œufs frais, liquides, déshydratés ou en poudre	• Produits d'œufs aromatisés (liquides ou surgelés)	• Œufs bénédictine
• Légumineuses : lentilles, pois secs, haricots blancs, rouges ou noirs, pois chiches, haricots pinto, edamame (soya) • Tofu nature • Arachides, beurre d'arachide naturel	• Légumineuses assaisonnées en conserve • Haricots cuits • Tofu aromatisé, tempeh, miso	• Seitan • Beurre d'arachide ou beurre de noix contenant du germe de blé ou du sucre glace dont l'amidon est de source inconnue
• Noix (amandes, noix de Grenoble, noix de cajou, noix du Brésil, pacanes) • Graines nature (de chia, de lin, de sésame, de citrouille, de tournesol) • Beurres de noix ou d'amande naturels	• Mélanges de noix et de fruits séchés • Noix, amandes et graines dont l'emballage porte une déclaration préventive (exemple : « peut contenir »)	• Noix rôties à sec ou assaisonnées • Graines de citrouille ou de tournesol assaisonnées

FRUITS ET LÉGUMES

Aliments permis	Aliments à surveiller	Aliments à éviter
• Fruits frais, surgelés et en conserve • Jus de fruits	• Fruits séchés enrobés de sucre glace • Fruits servis avec une sauce	
• Légumes frais, surgelés et en conserve, nature • Salades préparées non assaisonnées • Jus de légumes	• Légumes en sauce • Pommes de terre frites (attention à la contamination de l'huile)	• Légumes surgelés assaisonnés • Purée de pommes de terre du commerce • Pommes de terre à la normande (contenant de la farine de blé), gratin dauphinois

SOUPES

Aliments permis	Aliments à surveiller	Aliments à éviter
• Bouillons maison • Cubes de bouillon sans gluten • Bouillons et fonds faits avec des aliments permis	• Soupes en conserve • Mélanges de soupe déshydratée • Cubes de bouillon ou de bases de soupes	• Soupes faites à partir d'ingrédients non permis • Bouillons et cubes contenant des protéines de blé hydrolysées

GRAISSES ET HUILES

Aliments permis	Aliments à surveiller	Aliments à éviter
• Beurre, margarine, saindoux, huiles végétales	• Enduit à cuisson antiadhésif	
• Vinaigrettes à salade faites à partir d'ingrédients permis	• Vinaigrettes du commerce	• Vinaigrettes à salade faites à partir d'ingrédients non permis

CONDIMENTS ET ASSAISONNEMENTS

Aliments permis	Aliments à surveiller	Aliments à éviter
• Cornichons nature, olives, piments • Fines herbes et épices pures, poivre noir, sel • Vinaigres (cidre, riz, balsamique, blanc, distillé ou de vin) • Pâtes de tomate • Sauce soya et sauce teriyaki sans gluten, et autres sauces faites à partir d'ingrédients permis	• Cornichons à la moutarde • Mélanges d'assaisonnements • Moutarde préparée ou de spécialité • Salsa, pâte de cari, sauce Worcestershire, relish, ketchup	• Épices et fines herbes qui contiennent des protéines de blé hydrolysées • Vinaigre de malt • Sauce soya (faite avec du blé), sauce teriyaki (contenant de la sauce soya faite avec du blé) et autres sauces faites avec de la farine de blé, des protéines de blé hydrolysées et/ou d'autres aliments non permis

PAINS, BAGELS ET BAGUETTES

Aliments privilégier	Aliments à surveiller	Aliments à éviter
• Pain avec l'allégation « sans gluten » • Pain de maïs, de riz, de soya, de quinoa, de sarrasin pur, de millet, d'amarante	• Pains sans gluten fabriqués dans le même endroit que les pains ordinaires	• Pains, baguettes, bagels de blé et tous les autres pains qui ne portent pas la mention « sans gluten »

CROUSTILLES

Aliments permis	Aliments à surveiller	Aliments à éviter
• Maïs à éclater nature	• Croustilles nature ou assaisonnées	• Croustilles de pommes de terre contenant des ingrédients non permis

DESSERTS

Aliments permis	Aliments à surveiller	Aliments à éviter
• Desserts à la gélatine, gâteaux et tartes faits avec des farines sans gluten	• Glaçages à gâteau • Crèmes glacées et sorbets	• Poudings au pain • Crèmes glacées faites à partir d'ingrédients non permis (exemple : morceaux de biscuits) • Gâteaux, biscuits, muffins, tartes et pâtisseries faites à partir d'ingrédients non permis

SUCRERIES

Aliments privilégier	Aliments à surveiller	Aliments à éviter
• Miel, confitures, gelées • Sirops de maïs ou d'érable, mélasse • Sucre (brun et blanc)	• Sucre glace, bonbons durs, guimauves • Gommes à mâcher • Chocolat, tablettes de chocolat Vérifiez que les tablettes de chocolat ne contiennent pas de malt ou de gluten.	• Réglisse • Tires à la mélasse et autres bonbons avec gluten

BOISSONS ALCOOLISÉES

Aliments permis	Aliments à surveiller	Aliments à éviter
• Bourbon, rhum, gin, whisky canadien, vodka et liqueurs pures • Vins • Bières sans gluten ale ou lager faites avec du riz, du sarrasin ou du sorgho	• Boissons alcoolisées aromatisées (exemples : coolers ou panachés, vodka à la César, crème Baileys)	• Bière, ale et lager faites avec de l'orge

BOISSONS NON ALCOOLISÉES

Aliments permis	Aliments à surveiller	Aliments à éviter
• Thé, café moulu ou instantané (ordinaire ou décaféiné) • Eaux aromatisées • Boissons gazeuses	• Thés, tisanes et cafés aromatisés, substituts du café • Mélange de chocolat chaud • Poudre de cacao • Boissons sportives	• Boissons de céréales ou maltées (exemples : Ovaltine® [chocolat malté et boissons avec d'autres arômes de malt], Postum®) • Boissons non laitières (exemples : de noix, de pomme de terre, de soya, de riz) contenant de l'extrait d'orge maltée, des arômes d'orge maltée ou d'avoine

3 LES RISQUES DE CARENCES NUTRITIONNELLES

Le régime strict sans gluten implique une modification importante des habitudes alimentaires. Il existe donc des risques de carences nutritionnelles avec le suivi à très long terme du régime sans gluten.

Les produits céréaliers sans gluten ne sont pas tous soumis au même enrichissement en vitamines et en minéraux que les produits les plus populaires. Heureusement, on peut maintenant trouver des pains et céréales sans gluten enrichis notamment en vitamines du complexe B et en fer.

Une alimentation sans gluten peut également entraîner une diminution des apports en fibres. Il est donc recommandé d'augmenter progressivement la quantité de fibres dans votre alimentation, notamment pour assumer le confort gastro-intestinal. Notez qu'il est important de bien s'hydrater pour favoriser l'action des fibres.

Conseils pour améliorer votre apport en fibres

- Consommez au moins cinq portions de fruits et légumes par jour : frais, surgelés, en conserve ou sous forme de jus. Servez les fruits et légumes non pelés si possible.
- Agrémentez vos céréales et yogourts d'une poignée de noix ou de graines.
- Ajoutez des légumineuses et des légumes supplémentaires (frais, surgelés ou en conserve) dans les soupes, ragoûts, caris et sauces.
- Essayez les grains entiers sans gluten : amarante, millet, quinoa, sorgho et tef.
- Choisissez des aliments naturellement sans gluten : riz brun ou sauvage, pommes de terre avec la pelure.
- Optez pour les pâtes ou le pain multigrain sans gluten.
- Cherchez les farines contenant 2 g et plus de fibres par 30 g (¼ tasse); lisez bien les étiquettes alimentaires.

Voici les principales sources alimentaires non céréalières d'éléments nutritifs qui sont parfois moins présents dans l'alimentation sans gluten. Il est recommandé de privilégier ces sources dans le cadre d'un régime sans gluten.

Éléments	Rôles	Principales sources alimentaires
Acide folique (vitamine B_9) 	• Fabrication de toutes les cellules du corps, dont les globules rouges • Bon fonctionnement du système nerveux • Prévention des malformations du tube neural de l'enfant chez la femme enceinte	• Foie • Légumineuses • Graines de tournesol • Asperges • Betteraves • Jus d'orange
Calcium 	• Formation des os et des dents • Bon tonus musculaire • Régulation des battements cardiaques • Coagulation normale du sang • Contrôle de la tension artérielle	• Produits laitiers, boissons de soya enrichies • Sardines et saumon en conserve avec arêtes • Graines de sésame et amandes • Brocoli et chou chinois ou frisé • Tofu avec sulfate de calcium
Fer 	• Formation des globules rouges et transport de l'oxygène • Formation des acides aminés, des hormones et des neurotransmetteurs	• Foie et viandes rouges • Huîtres et crevettes • Légumineuses • Produits céréaliers entiers ou enrichis sans gluten et son de riz • Mélasse verte et graines de citrouille • Légumes verts

Éléments	Rôles	Principales sources alimentaires
Fibres 	• Bon fonctionnement de l'intestin • Meilleur contrôle du taux de sucre sanguin et de la satiété • Prévention du cancer du côlon • Réduction du taux de cholestérol	• Légumes et fruits • Produits céréaliers de grains entiers sans gluten • Noix et graines • Légumineuses (Voir les conseils précédents pour améliorer votre apport en fibres.)
Thiamine (vitamine B_1) 	• Production de l'énergie • Transmission de l'influx nerveux • Croissance • Métabolisme des glucides, lipides et protéines de l'alimentation	• Longe de porc maigre • Légumineuses • Levure Torula • Noix du Brésil • Boissons de soya enrichies
Vitamine D 	• Rôle essentiel pour la croissance normale et le développement • Absorption du calcium au niveau du tube digestif et fixation du calcium et du phosphore dans les os et les dents	• Lait • Poissons gras (saumon, sardine, etc.) et huile de foie de poisson • Margarine enrichie • Foie • Œufs
Zinc 	• Fabrication de plusieurs enzymes et de l'insuline • Développement du goût et de l'odorat • Cicatrisation	• Huîtres et fruits de mer • Viandes et volailles • Légumineuses • Lait

4 DES IDÉES VARIÉES POUR TRANSFORMER VOS CONTRAINTES EN PLAISIR

Un régime sans gluten peut devenir une régime savoureux, plaisant et diversifié.

De prime abord, les personnes suivant une telle diète peuvent avoir l'impression que tout leur est interdit. Toutefois, ce n'est pas le cas. Les aliments naturellement sans gluten sont nombreux et permettent d'avoir une alimentation saine et variée. Mettez en valeur ce qui est autorisé au lieu de ne penser qu'aux interdits.

VIANDES, POISSONS ET FRUITS DE MER

La stratégie la plus sécuritaire est d'acheter frais ou surgelés, mais non transformés, les viandes, poissons et fruits de mer, et de les apprêter vous-même.

LÉGUMINEUSES

Lentilles, pois chiches, haricots rouges, doliques à œil noir, etc. Découvrez les légumineuses d'ici et d'ailleurs. (Voir Autres saveurs venues d'ailleurs, page 49.)

FRUITS ET LÉGUMES

Tous les fruits et légumes, frais ou surgelés, sont exempts de gluten lorsqu'ils sont nature. Profitez-en pour varier les plaisirs. Découvrez ou redécouvrez les topinambours (ce légume se cuisine comme la pomme de terre, et son goût est légèrement plus sucré), les patates douces, les panais, le chou vert frisé (cru, cuit à l'étuvée, sauté ou même en soupe et dans les smoothies), la bette à carde, le rutabaga (qui ressemble au navet), le céleri-rave, etc.

FÉCULENTS

- **Le riz brun et le riz sauvage**: ils requièrent un peu plus de liquide que le riz blanc, et leur temps de cuisson est un peu plus long. Le riz sauvage a un goût de noisette.
- **Le maïs**: il peut être cuit sur l'épi, à la vapeur, à la braise ou être égrainé. Vous pouvez le faire soufflé, salé ou sucré, pour l'apéritif ou une collation.
- **Le millet**: on le cuit dans un grand volume d'eau. Une fois cuit, il ressemble au couscous et peut être utilisé pour préparer un taboulé. Le millet a un léger goût de noisette et une texture crémeuse.
- **Le quinoa**: il se cuit comme le riz, dans l'eau ou en pilaf. Et, tout comme le riz, il peut être servi en plat d'accompagnement ou en salade.
- **L'amarante**: elle se cuit également comme le riz, dans un grand volume d'eau salée, puis se déguste froide en salade ou chaude en accompagnement.
- **Le sorgho**: on peut le cuire dans un grand volume d'eau ou bien à la vapeur et le servir comme du riz.

PAINS, BISCUITS ET GÂTEAUX

Mettez la main à la pâte et préparez vous-mêmes vos pains, biscuits et gâteaux (vous pouvez d'ailleurs en conserver au congélateur) en suivant entre autres les recettes de cet ouvrage. Consultez également notre section Comment cuisiner sans gluten, à la page 52.

Attention aux produits « sans gluten »

Il existe aujourd'hui de plus en plus de délicieux produits et ressources sans gluten comme les pâtes à la farine de maïs, les galettes de riz soufflé, les craquelins assaisonnés, les barres de céréales, les muffins, les biscuits, etc.

Attention toutefois à ces produits sans gluten: leur index glycémique est élevé, et une consommation quotidienne peut conduire à une prise de poids.

Très souvent, les produits sans gluten du commerce sont plus riches en sucre, en gras et en calories que les produits conventionnels. Les produits sans gluten confectionnés à partir de céréales raffinées sont également moins riches en fibres et en nutriments.

AUTRES SAVEURS VENUES D'AILLEURS

- **La cuisine indienne**: riz basmati, lentilles et sauces épaissies avec du yogourt.
- **La cuisine d'Amérique de Sud**: légumineuses (haricots pinto et noirs) souvent servies en accompagnement des plats de viande avec du riz, tortillas souples à base de maïs, croustilles tortillas (100 % maïs) et riz (paëlla ou riz pilaf).
- **La cuisine thaïlandaise**: feuilles de rouleaux de printemps (elles sont fabriquées avec de la poudre de riz mélangée avec de la fécule de tapioca).
- **La cuisine libanaise**: pois chiches (pour faire des trempettes comme le houmous) et favas (à servir en salade).
- **La cuisine italienne**: polenta (servie semi-liquide, comme un risotto, ou ferme, coupée et poêlée après avoir reposé au réfrigérateur) et gnocchis maison (faits avec de la farine de riz et de la fécule de pommes de terre).

5 DE SAINES HABITUDES ALIMENTAIRES

• Maintenez une alimentation équilibrée.

Que vous mangiez à la maison, au restaurant, chez des amis, dans un buffet ou à la cafétéria, l'assiette santé constitue la règle de base à respecter. La moitié de votre assiette doit contenir des légumes; un autre quart de l'assiette doit offrir des produits céréaliers sans gluten (environ la grosseur de votre poing); le dernier quart doit être rempli d'aliments protéinés tels que du poisson, de la volaille maigre blanche ou des légumineuses (environ la paume de votre main).

Noubliez pas qu'il faut toujours utiliser des farines certifiées sans gluten pour éviter toute contamination croisée.

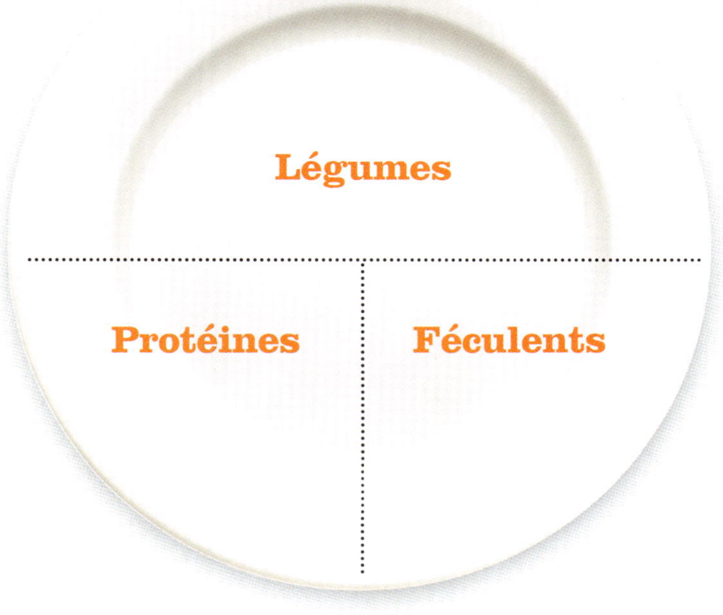

Pour vos collations, choisissez des noix certifiées sans gluten, des graines, un fruit ou un aliment riche en calcium.

- Essayez de manger cinq portions de fruits et légumes chaque jour.

- Ajoutez des fruits et des légumes en purée ou râpés dans toutes vos recettes de galettes, biscuits et muffins.

- Ajoutez des graines de lin moulues, de chia ou de chanvre dans vos yogourts, mais aussi dans vos recettes.

- Introduisez les légumineuses dans vos menus.

- Intégrez les boissons d'amande ou de riz, saveur « originale » et enrichies de vitamines et minéraux (surtout en calcium et en vitamine D).

- Ajoutez à une boisson d'amande ou de riz, une farine sans gluten, des graines de chia et des fruits de votre choix pour en faire des poudings santé.

- Réduisez la quantité de matières grasses dans votre alimentation, surtout les gras saturés présents dans les produits d'origine animale.

- Réduisez votre consommation de sucre, d'aliments sucrés et de sel. Essayez plutôt d'utiliser des herbes et des épices pour ajouter de la saveur.

- Modérez votre consommation d'alcool. Les nouvelles recommandations proposent 0-2-3-4 :

0 : une journée sans alcool par semaine;

2 : maximum de 2 consommations par jour pour les femmes
et 3 pour des occasions exceptionnelles;

3 : maximum de 3 consommations par jour pour les hommes
et 4 pour des occasions exceptionnelles.

Une consommation équivaut à un verre de 150 ml (5 oz) de vin ou une bière sans gluten. Sachez que l'alcool nuit à l'absorption de plusieurs vitamines et minéraux et contribue au gain de poids.

6 COMMENT CUISINER SANS GLUTEN

LES FARINES SANS GLUTEN

Cuisiner sans gluten représente un défi intéressant et stimulant qui nécessite parfois plusieurs essais et erreurs parce que les farines sans gluten ne réagissent pas de la même manière que les farines ordinaires. Néanmoins, cela vaut vraiment la peine d'essayer, car les produits maison sont meilleurs et plus économiques.

Les recettes qui contiennent moins de 500 ml (2 tasses) de farine sont faciles à adapter : muffins, pains, gâteaux, biscuits, galettes et crêpes.

Amarante

- La farine d'amarante, une pseudo-céréale, permet la confection de produits moelleux lorsqu'elle est combinée à d'autres farines.
- Ne dépassez pas 25 % de farine d'amarante par rapport à la totalité du mélange.

Avoine

- Rappelez-vous que la farine d'avoine doit être pure et non contaminée.

Châtaigne

- La farine de châtaigne a un goût prononcé de noisette grillée.
- Ne dépassez pas 25 % de farine de châtaigne par rapport à la totalité du mélange.

Légumineuses

- Les farines de légumineuses (lentilles et pois chiches par exemple) contiennent davantage de protéines que les autres farines sans gluten.
- Les pains lèvent davantage et les produits sont souvent plus tendres.
- Les farines de haricots absorbent davantage l'humidité : il faut donc rectifier la quantité de liquides en cas de substitution de farines.

Maïs

- La farine ou la fécule de maïs peut être utilisée pour épaissir une sauce, préparer une panure pour la viande et le poisson ou cuisiner une pâte tempura légère.
- Vous pouvez aussi préparer une polenta à base de farine de maïs.

Millet

- Ne dépassez pas un tiers (33 %) de farine de millet par rapport à la totalité du mélange de farines.

Noix de coco

- La farine de noix de coco est obtenue par extraction de la chair de la noix de coco qui est séchée et dégraissée avant d'être broyée.
- N'utilisez que 15 à 25 % de farine de noix de coco dans un mélange tout usage.
- Augmentez la quantité de liquide dans vos recettes à cause de ses propriétés absorbantes.

Quinoa

- Le pain fabriqué à partir de farine de quinoa, une pseudo-céréale, a une teneur en antioxydants significativement plus élevée que celle du pain au blé.
- Ne dépassez pas 25 % de farine de quinoa par rapport à la totalité du mélange total de farines.

Riz

- Sa saveur étant relativement fade, il est nécessaire d'y ajouter des fines herbes ou des épices.
- La farine de riz brun contient le son du riz; vous pouvez employer l'un ou l'autre dans les recettes demandant de la farine de riz.
- La farine de riz ne s'emploie jamais seule, car c'est un produit sec et granuleux.
- Pour obtenir un produit moins granuleux, ne dépassez pas un tiers du mélange total de farines.

Sarrasin

- La farine de sarrasin, une pseudo-céréale, est plus foncée et plus fibreuse, et son goût est prononcé.
- La farine de sarrasin doit être utilisée dans des proportions de 10 à 15 % pour la fabrication de pains.

Sorgho

- La farine de sorgho a un goût sucré et elle dore très bien lors de la cuisson.
- Vous pouvez mélanger la farine de sorgho à d'autres farines ou fécules pour atténuer son goût de noisette, sans dépasser un tiers du mélange total de farines.

Tef

- Cette farine a une saveur distincte, et son goût n'est pas apprécié de tous.
- Elle est surtout utilisée dans des recettes à base de chocolat à cause de sa couleur foncée.
- Elle doit être utilisée en petite quantité dans les mélanges.

LES FÉCULES SANS GLUTEN

Fécule d'arrow-root

- C'est une poudre blanche, fine et moins sucrée que la fécule de tapioca.
- Elle épaissit sous le point d'ébullition.
- Délayez-la dans un liquide froid avant de l'ajouter à un liquide chaud.
- Pour les sauces, elle a tendance à se séparer lors de la décongélation.
- Usages : sauces aux petits fruits auxquelles elle donne de la brillance.

Fécule de maïs

- Elle a une action épaississante et se gélifie en refroidissant.
- Si elle est portée à ébullition trop rapidement ou si le temps de cuisson dépasse 7 minutes, le gel se défait et la sauce se liquéfie.
- Utilisée en excès dans un produit de boulangerie, elle donne un goût farineux.
- Usages : sauces.

Fécule de pommes de terre

- Elle apporte une touche de légèreté quand elle est utilisée en petite quantité.
- Il est préférable de la tamiser deux fois pour éviter la formation de grumeaux.
- Lors de la congélation, la sauce perd son homogénéité.
- Usages : soupes crémeuses et béchamels.

Fécule de tapioca

- Extraite de la racine du manioc, cette fécule est fine et très blanche.
- Elle ajoute de l'élasticité aux pâtisseries et constitue un bon épaississant, et son goût est neutre.
- La sauce paraît un peu claire lorsqu'elle est encore chaude, même après ébullition. Elle devient plus épaisse une fois refroidie.
- La fécule de tapioca tolère très bien la congélation.
- Elle peut être utilisée jusqu'à 33 % dans les mélanges de farine tout usage sans gluten.
- Usages : sauces.

Conservez les farines sans gluten dans un endroit frais et sombre. La farine de riz brun et la farine de légumineuses se conservent plus longtemps au réfrigérateur. Pour un entreposage à long terme, toutes les farines sans gluten peuvent être entreposées au congélateur. Elles peuvent être utilisées immédiatement une fois sorties du congélateur.

EXEMPLES DE MÉLANGES POUR FARINE TOUT USAGE

250 ml (1 tasse) de farine tout usage ordinaire peut être remplacée par 250 ml (1 tasse) d'un de ces trois mélanges.

MÉLANGE N° 1	MÉLANGE N° 2	MÉLANGE N° 3
310 ml (1 ¼ tasse) de farine de légumineuses	375 ml (1 ½ tasse) de farine de sorgho	250 ml (1 tasse) de farine de riz brun
250 ml (1 tasse) de farine de riz brun	250 ml (1 tasse) de farine de riz brun	180 ml (¾ tasse) de farine d'amarante
500 ml (2 tasses) de fécule de tapioca	250 ml (1 tasse) de fécule de tapioca	250 ml (1 tasse) de fécule de tapioca
	125 ml (½ tasse) de fécule de pommes de terre ou de maïs	60 ml (¼ tasse) de fécule de pommes de terre

Ces mélanges sont tout usage. Utilisez de préférence le mélange n° 1 pour des pains, pains éclair, crêpes ou muffins. Les mélanges nos 2 et 3 conviennent à tout type de recettes, même les gâteaux roulés.

LES AGENTS LIANTS : GOMME DE GUAR ET GOMME DE XANTHANE

Les produits de boulangerie et de pâtisserie sans gluten nécessitent des agents liants pour donner de la texture et éviter qu'ils ne s'émiettent. Ces agents liants miment l'action du gluten et sont essentiels au succès des plats.

Voici les proportions suggérées :

- **Biscuits** : 750 mg (¼ c. à thé) pour 250 ml (1 tasse) de farine
- **Gâteaux, muffins et pains-gâteaux** : 1,5 g (½ c. à thé) pour 250 ml (1 tasse) de farine
- **Pains** : 3 g (1 c. à thé) pour 250 ml (1 tasse) de farine
- **Pizzas** : 3 g (1 c. à thé) pour 250 ml (1 tasse) de farine
- **Pâtes à tarte** : 3 g (1 c. à thé) pour 250 ml (1 tasse) de farine

Conseils pour réussir les recettes sans gluten

- Préparez les moules tel que recommandé; utilisez de l'huile ou de la margarine pour enduire les parois.
- Utilisez un tamis réservé exclusivement aux farines sans gluten. Il est recommandé de tamiser les farines et les fécules deux fois pour éviter la formation de grumeaux.
- Mesurez les ingrédients secs avec précision et nivelez la surface à l'aide d'un couteau.
- Veillez à toujours bien mélanger les ingrédients secs dans un bol ou un sac en plastique.
- N'utilisez pas d'ustensile en bois : même après un bon nettoyage, le bois des ustensiles de nature légèrement poreuse peut conserver des traces de gluten.
- N'oubliez pas d'ajouter de la gomme de xanthane ou de la gomme de guar si le mélange n'en contient pas.
- Augmentez la quantité de levure chimique dans les recettes à raison de 10 ml (2 c. à thé) pour 250 ml (1 tasse) de farine sans gluten si vous convertissez une recette conçue pour la farine de blé.
- Battez le corps gras, le sucre et les œufs pendant 2 minutes pour rendre le mélange onctueux et y incorporer suffisamment d'air.
- Laissez la pâte reposer à la température ambiante pendant 20 minutes avant de la faire cuire. Cela améliore la texture du produit (sauf pour la pâte éponge qui contient plus de 4 œufs).
- Ne doublez jamais les proportions des recettes, car cela peut faire varier le taux d'humidité du produit et le temps de cuisson.
- Diminuez la température de cuisson d'environ 10 °C (25 °F) et augmentez légèrement le temps de cuisson, car les produits sans gluten lèvent plus lentement. Une température de cuisson trop élevée scellerait la surface du produit avant que celui-ci n'ait atteint un volume optimal.
- Au besoin, utilisez des moules plus petits; la pâte cuira plus uniformément.
- Entreposez les produits cuits dans des sacs en plastique alors qu'ils sont encore tièdes pour conserver leur humidité.
- Conservez les produits sans gluten au congélateur dans des contenants hermétiques; ils auront ainsi moins tendance à sécher.

7 LA CONTAMINATION CROISÉE DANS LA CUISINE

Lorsque vous entreposez, manipulez et cuisinez des aliments sans gluten, prenez soin de ne pas les contaminer avec du gluten. N'oubliez pas que même de très petites quantités peuvent causer des dommages à votre intestin.

Conseils pour éviter la contamination croisée

- Lavez-vous les mains avant et régulièrement pendant la préparation des aliments. Il est plus efficace de se laver les mains avec un savon liquide ou un pain de savon qu'avec un gel désinfectant.
- Nettoyez les surfaces de travail avant de commencer et entre les recettes en utilisant un produit nettoyant tout usage pour la maison.
- Utilisez des ustensiles de cuisine et des récipients propres n'ayant jamais été en contact avec du gluten.
- Assurez-vous que les pots de toutes sortes (confiture, moutarde, miel, beurre d'arachide) n'ont pas été contaminés par d'autres ustensiles contenant du gluten.
- Évitez de faire frire des aliments incompatibles dans la même huile.
- Évitez de cuire en même temps des plats incompatibles en raison du risque d'éclaboussures.
- Utilisez un grille-pain distinct réservé exclusivement au pain sans gluten afin d'éviter la contamination croisée.
- Identifiez les aliments ou mets préparés pour la personne cœliaque à l'aide d'un autocollant de couleur afin qu'ils puissent être repérés facilement.
- Entreposez les aliments adéquatement dans des contenants hermétiques clairement identifiés.

8 CONSEILS POUR MANGER AU RESTAURANT

Il n'y a aucune raison de ne pas profiter d'un bon repas au restaurant lorsque l'on suit un régime sans gluten, d'autant plus qu'aujourd'hui de nombreux restaurateurs proposent des menus sans gluten.

Si vous fréquentez un restaurant qui ne propose pas de menus « sans gluten », quelques précautions s'imposent pour vivre une expérience agréable sans conséquences fâcheuses :

- Lors de la réservation, assurez-vous que vous pouvez commander un plat sans gluten et le consommer sans danger.
- Au restaurant, avisez le personnel de vos restrictions alimentaires.
- Les buffets représentent un risque élevé de contamination; s'abstenir demeure la solution la plus prudente.
- Évitez l'utilisation de la salière et de la poivrière en raison du risque de contamination croisée.

RESTAURANTS SANS GLUTEN

UN PEU PARTOUT DANS LE MONDE

www.glutenfreeroads.com

AMÉRIQUE DU NORD

Canada

TheCeliacScene™
www.theceliacscene.com/map850-Quebec-Montreal---City---CITY-OVERVIEW.html

À consulter également :
www.restomontreal.ca/restaurants/features/Sans-gluten/61?lang=fr
http://map.glutenfreeontario.ca

États-Unis

http://glutenfreeregistry.com/gluten-free-world-map.jsp

EUROPE

France, Espagne et Suisse

www.lafourchette.com/restaurant+sans-gluten+paris
www.sortirsansgluten.com

Allemagne (Berlin) Site en anglais

http://glutenfreiberlin.wordpress.com/glutenfrei-map

Angleterre (Londres) Site en anglais

www.urbanspoon.com/t/52/1/London/Gluten-Free-Friendly-restaurants

Belgique

www.glutenfreebelgium.be

Royaume-Uni

www.gluten-free-onthego.com/searchRestaurants.aspx

9 CONSEILS POUR VOYAGER

Un régime sans gluten ne devrait pas vous empêcher de voyager à l'étranger. Avec un peu de préparation, vous pouvez le suivre où que vous soyez dans le monde.

PLANIFICATION

- Demandez à votre médecin de vous fournir une lettre indiquant que le seul traitement de votre maladie est le régime strict sans gluten et que vous devez donc conserver avec vous des aliments certifiés sans gluten.
- Au moment de la réservation, informez l'organisateur de voyages ou de croisières que vous aurez besoin de repas sans gluten.
- Apportez des collations sans gluten dans votre valise; vous ne savez jamais quand vous pourriez en avoir besoin.
- Plusieurs agences peuvent vous fournir des listes d'hôtels, restaurants et magasins offrant des aliments sans gluten.

TRANSPORTS

- Demandez des repas sans gluten au moment de faire vos réservations auprès des compagnies aériennes.
- Apportez des collations nutritives dans votre bagage à main, tout en respectant les consignes concernant les liquides: barres nutritives, galettes minces au maïs, grignotines de soya ou craquelins sans gluten.

HÔTELS, RESTAURANTS, PARCS À THÈME

- Il est préférable de demander un repas sans gluten dès que vous réservez les hébergements et les restaurants.
- Parlez au chef ou au personnel de la réception quand vous arrivez pour confirmer que les repas sans gluten ont été préparés.
- Apportez un petit livre de traduction pour vous assurer que vous avez bien compris.
- Vous pouvez vous procurer des menus en différentes langues sur Internet (voir Conseils pour manger au restaurant, page 63).

COMMANDES EN LIGNE

Il est possible de commander en ligne à l'avance et de faire livrer des produits sans gluten à l'hôtel ou à la villa. Prenez note que la réglementation peut être différente d'un pays à l'autre, tant sur la définition du « sans gluten » que sur la déclaration des allergènes prioritaires et du gluten. Il faut donc vérifier avant de partir les normes utilisées pour l'allégation « sans gluten » dans le pays que vous visitez. Ces normes doivent correspondre à une teneur en gluten de 20 ppm ou moins. Cette information est généralement fournie sur le site de l'association du pays concerné.

LIENS UTILES

www.glutenfreetravelsite.com

www.schaer.com/fr/vivre-sans-gluten/voyager-sans-gluten

www.glutenfreeroads.com/fr/conseils-de-voyage-sans-gluten

LES MENUS
21 JOURS

Les menus suivants ont été conçus par nos soins et approuvés par notre collaboratrice nutritionniste Nicole LeBlanc, elle-même atteinte de la maladie cœliaque.

N'hésitez pas à varier les quantités en fonction de votre faim et de votre satiété. Vous pouvez également intervertir les menus et faire une multitude de combinaisons.

Soyez votre propre chef en ajoutant une touche personnelle aux recettes afin qu'elles répondent à vos goûts tout en respectant les critères culinaires inhérents à la maladie.

L'accent a été mis sur la densité nutritionnelle des menus. Chaque recette a été conçue en tenant compte des valeurs nutritives.

Nous vous encourageons à intégrer un maximum de végétaux dans votre alimentation et à réduire votre consommation de viandes rouges et d'aliments transformés.

Bon appétit !

JOUR 1

MATIN

Gruau de sarrasin avec purée de fruits (p. 92)

Collation

1 petite banane

10 g (2 c. à soupe) de graines de citrouille

MIDI

Chili con carne (p. 134) servi avec ½ assiette de salade de verdure et 100 g (½ tasse) de riz brun

250 ml (1 tasse) de lait ou de boisson végétale

Collation

1 barre nutritive sans cuisson (p. 180)

250 ml (1 tasse) d'eau aux framboises, aux bleuets et à la menthe (p. 182)

SOIR

Soupe aux pois chiches et aux tomates (p. 105)

Crevettes grillées à la salsa de mangue et de concombre à la menthe (p. 136)

Collation

Verrine de quinoa aux pommes, coulis de dattes (p. 185)

JOUR 2

MATIN

1 œuf poché sur pommes de terre sautées et brocoli (p. 94)

Collation
15 g (1 c. à soupe) de beurre d'amande
1 branche de céleri

MIDI

Potage de panais aux pommes et au céleri (p. 106)
Salade de poulet à l'avocat et aux doliques à œil noir (p. 108)

1 morceau de gâteau au citron, aux amandes et à la noix de coco (p. 186)

Collation
1 pomme
30 g (1 oz) de fromage

SOIR

Lasagne de courgettes à la florentine (p. 138) servie avec ½ assiette de salade (laitue, tomates et oignon vert)

Collation
1 barre nutritive sans cuisson (p. 180)

250 ml (1 tasse) de lait ou de boisson végétale (soya, riz, amande)

JOUR 3

MATIN

1 tranche de pain nutritif sans gluten (p. 170)
avec 15 g (1 c. à soupe) de beurre d'amande
et 1 petite banane

Collation
1 smoothie aux framboises (p. 188)

MIDI

Quinoa au poulet (p. 141)
servi avec ½ assiette de salade
(laitue, câpres, tomates, oignon vert)

2 clémentines

Collation
30 g (2 c. à soupe) de compote
de légumes rôtis (p. 190)

1 branche de céleri

SOIR

Pâté chinois au quinoa (p. 142)
servi avec ½ assiette de salade
(laitue, tomates et poivron rouge)

1 yogourt croquant aux petits fruits (p. 192)

Collation
20 g (2 tasses) de maïs soufflé nature

250 ml (1 tasse) d'eau aux framboises,
aux bleuets et à la menthe (p. 182)

JOUR 4

MATIN

1 smoothie énergisant (p. 194)
20 g (2 c. à soupe) d'amandes

Collation
30 g (1 oz) de fromage
1 pomme

MIDI

Salade de brocoli et champignons au gingembre et au sésame (p. 110)

Pâté chinois au quinoa (p. 142)

1 yogourt croquant aux petits fruits (p. 192)

Collation
1 barre nutritive sans cuisson (p. 180)

250 ml (1 tasse) d'eau aux framboises, aux bleuets et à la menthe (p. 182)

SOIR

Cocotte de poulet braisé aux poivrons (p. 144) servie avec 1 patate douce cuite au four et ½ assiette de salade (laitue, tomates cerises et céleri)

Collation
1 brownie « garbanzo » au chocolat (p. 196)

JOUR 5

MATIN

Mini frittatas forestières (p. 96)
4 craquelins multigrains sans gluten
1 orange

Collation
1 smoothie aux bleuets (p. 198)

MIDI

Céleri-rave rémoulade (p. 112)

Saumon à l'orange et au gingembre (p. 146)
servi avec 100 g (½ tasse) de riz brun
aux noisettes (p.173)

Collation
30 g (2 c. à soupe) de compote
de légumes rôtis (p. 190)

Pain plat aux lentilles (p. 174)

SOIR

Salade de poulet à l'avocat et aux doliques
à œil noir (p. 108)

125 g (½ tasse) de salade de fruits maison

Collation
1 barre nutritive sans cuisson (p. 180)
250 ml (1 tasse) de lait ou de boisson
végétale enrichie (soya ou amande)

JOUR 6

MATIN

1 tranche de pain nutritif sans gluten (p. 170) avec 15 g (1 c. à soupe) de beurre d'arachide et 1 petite banane

Collation

15 g (2 c. à soupe) de noix mélangées
195 g (¾ tasse) de yogourt (sans amidon)
75 g (½ tasse) de petits fruits

MIDI

Salade de riz aux crevettes et aux petits fruits (p. 115)

125 g (½ tasse) de compote de pommes non sucrée ou 80 g (½ tasse) d'ananas frais coupé en cubes

Collation

1 barre nutritive sans cuisson (p. 180)

250 ml (1 tasse) d'eau aux framboises, aux bleuets et à la menthe (p. 182)

SOIR

Escalopes de dinde au fenouil et au citron, salade d'herbes (p. 148) servies avec des frites de patates douces épicées (p. 176)

2 clémentines

Collation

1 pointe de tarte à la rhubarbe (p. 200)

250 ml (1 tasse) de lait ou de boisson végétale enrichie (soya ou amande)

JOUR 7

MATIN

1 galette de sarrasin au saumon fumé et aux asperges (p. 98)

1 orange

Collation
30 g (1 oz) de fromage
1 poire

MIDI

Salade de haricots noirs à la mangue (p. 116)
20 g (2 c. à soupe) d'amandes

Collation
1 smoothie aux bleuets (p. 198)

SOIR

Salade de homard, sauce vierge au concombre et aux câpres (p. 118)

125 g (½ tasse) de salade de fruits maison

Collation
30 g (2 c. à soupe) de compote de légumes rôtis (p. 190)

Pain plat aux lentilles (p. 174)

JOUR 8

MATIN

1 tranche de pain nutritif sans gluten (p. 170) avec 15 g (1 c. à soupe) de beurre d'arachide et 1 petite banane

Collation

30 g (1 oz) de fromage
2 clémentines

MIDI

1 pointe de quiche aux pommes sans croûte (p. 150) servie avec ½ assiette de salade (laitue, tomates cerises rouges, copeaux de parmesan, cœurs de palmier)

Collation

1 brownie « garbanzo » au chocolat (p. 196)

SOIR

Salade de champignons à l'ail et aux fines herbes (p. 120)
Pizza végétarienne (p. 153)

Collation

1 barre nutritive sans cuisson (p. 180)

250 ml (1 tasse) d'eau aux framboises, aux bleuets et à la menthe (p. 182)

JOUR 9

MATIN

1 smoothie aux framboises (p. 188)

1 tranche de pain nutritif sans gluten (p. 170) avec 15 g (1 c. à soupe) de beurre d'amande

Collation
Pouding au chia (125 ml [½ tasse] de lait [ou boisson de soya] au chocolat avec 25 g [2 c. à soupe] de graines de chia)

MIDI

Potage de panais aux pommes et au céleri (p. 106)

Mijoté de bœuf aux légumes d'automne (p. 154) servi avec 160 g (1 tasse) de brocoli

1 pomme

Collation
1 yogourt croquant aux petits fruits (p. 192)

SOIR

Filet de porc à la tomate et au vinaigre balsamique (p. 157) servi avec 100 g (½ tasse) de riz brun et 130 g (1 tasse) de chou-fleur

Collation
1 orange

JOUR 10

MATIN

1 galette de sarrasin au saumon fumé et aux asperges (p. 98)

Collation

30 g (2 c. à soupe) de compote de légumes rôtis (p. 190)

1 branche de céleri

MIDI

Asperges tièdes, sauce aux olives et aux tomates (p. 122)
Pâté chinois au quinoa (p. 142)
125 g (½ tasse) de salade de fruits maison

Collation

195 g (¾ tasse) de yogourt (sans amidon) avec 75 g (½ tasse) de bleuets frais

250 ml (1 tasse) d'eau aux framboises, aux bleuets et à la menthe (p. 182)

SOIR

Saumon à l'orange et au gingembre (p. 146) servi avec 75 g (½ tasse) de quinoa cuit et ½ assiette de salade (laitue, concombre et tomates)

Collation

Gâteau moelleux aux dattes (p. 202)

250 ml (1 tasse) de lait ou de boisson végétale enrichie (soya ou amande)

JOUR 11

MATIN

1 muffin à la purée de pommes (p. 204)
15 g (2 c. à soupe) de noix de Grenoble
250 ml (1 tasse) de boisson de soya

Collation
1 orange

250 ml (1 tasse) d'eau aux framboises, aux bleuets et à la menthe (p. 182)

MIDI

Chili con carne (p. 134)
servi avec ½ assiette de salade de verdure

Pain plat aux lentilles (p. 174)

Collation
1 poire
30 g (1 oz) de fromage

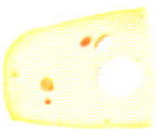

SOIR

Cocotte de poulet braisé aux poivrons (p. 144)
servie avec 1 patate douce cuite au four
et ½ assiette de salade (laitue, tomates cerises jaunes et copeaux de parmesan)

Collation
Pouding au chia (125 ml [½ tasse] de lait [ou boisson de soya] au chocolat avec 25 g [2 c. à soupe] de graines de chia)

JOUR 12

MATIN

1 tranche de pain nutritif sans gluten (p. 170)
avec 15 g (1 c. à soupe) de beurre d'amande
et 1 petite banane ou 20 g (1 c. à soupe) de confiture
de fruits peu sucrée

Collation
1 pomme
30 g (1 oz) de fromage

MIDI

1 paupiette de poulet aux dattes et au cheddar (p. 158)
servie avec 100 g (½ tasse) de riz brun
aux noisettes (p. 173) et ½ assiette de salade
(laitue, carottes râpées et radis)

Collation
1 barre nutritive sans cuisson (p. 180)

250 ml (1 tasse) de lait ou de boisson
végétale enrichie (soya ou amande)

SOIR

Lasagne de courgettes à la florentine (p. 138)
servie avec ½ assiette de salade
(laitue, tomates, et oignon vert)

1 orange

Collation
Verrine de quinoa aux pommes,
coulis de dattes (p. 185)

JOUR 13

MATIN

Gruau de sarrasin avec purée de fruits (p. 92)
20 g (2 c. à soupe) d'amandes

Collation
1 yogourt croquant aux petits fruits (p. 192)

MIDI

Soupe froide à la mangue (p. 124)

Poisson à la grecque (p. 160)
servi avec ½ assiette de salade
(laitue, graines de tournesol et oignon vert)

Collation
30 g (2 c. à soupe) de compote
de légumes rôtis (p. 190)

Pain plat aux lentilles (p. 174)

SOIR

1 médaillon de porc aux pommes et aux noix (p. 162)
servi avec 100 g (½ tasse) de riz brun
et 160 g (1 tasse) de brocoli et chou-fleur mélangés

Collation
1 muffin à la purée de pommes
et aux raisins secs (p. 204)

250 ml (1 tasse) de lait ou de boisson
végétale enrichie (soya ou amande)

JOUR 14

MATIN

Mini frittatas forestières (p. 96)
1 tranche de pain nutritif sans gluten (p. 170)
1 orange

Collation

Pouding au chia (125 ml [½ tasse] de lait [ou boisson de soya] au chocolat avec 25 g [2 c. à soupe] de graines de chia)

MIDI

1 poivron farci au thon et au quinoa (p. 164)
servi avec 70 g (½ tasse) de salade de carottes râpées et de raisins secs

Collation

80 g (½ tasse) de cantaloup coupé en cubes
195 g (¾ tasse) de yogourt (sans amidon)

SOIR

Escalopes de dinde au fenouil et au citron, salade d'herbes (p. 148)
servies avec des frites de patates douces épicées (p. 176)

Collation

20 g (2 tasses) de maïs soufflé nature

250 ml (1 tasse) d'eau aux framboises, aux bleuets et à la menthe (p. 182)

JOUR 15

MATIN

260 g (1 tasse) de yogourt grec nature (sans amidon)
50 g (¼ tasse) de granola maison (p. 100)
160 g (1 tasse) de fruits coupés en petits cubes
20 g (2 c. à soupe) d'amandes effilées

Collation

1 muffin à la purée de pommes (p. 204)

250 ml (1 tasse) d'eau aux framboises, aux bleuets et à la menthe (p. 182)

MIDI

Asperges tièdes, sauce vierge aux olives et aux tomates (p. 122)

1 paupiette de poulet aux dattes et au cheddar (p. 158) servie avec 75 g (½ tasse) de quinoa cuit

Collation

1 yogourt croquant aux petits fruits (p. 192)

SOIR

Soupe froide à la mangue (p. 124)

Salade de homard, sauce vierge au concombre et aux câpres (p. 118)

100 g (½ tasse) de riz brun aux noisettes (p. 173)

Collation

Pouding au millet garni de fraises (p. 207)

JOUR 16

MATIN

Mini frittatas forestières (p. 96)
4 craquelins multigrains sans gluten
½ pamplemousse

Collation
Pouding au chia (125 ml [½ tasse] de lait [ou boisson de soya] au chocolat avec 25 g [2 c. à soupe] de graines de chia)

MIDI

Potage de panais aux pommes et au céleri (p. 106)
Salade de lentilles aux échalotes (p. 126)
Poisson à la grecque (p. 160)

Collation
1 pomme
15 g (2 c. à soupe) de noix de Grenoble
250 ml (1 tasse) d'eau aux framboises, aux bleuets et à la menthe (p. 182)

SOIR

Lasagne de courgettes à la florentine (p. 138) servie avec une ½ assiette de salade (épinards, clémentines et amandes effilées)
2 clémentines

Collation
1 yogourt croquant aux petits fruits (p. 192)

JOUR 17

MATIN

Gruau de sarrasin avec purée de fruits (p. 92)
20 g (2 c. à soupe) d'amandes

Collation

1 poire
30 g (1 oz) de fromage gouda

MIDI

1 pointe de quiche aux pommes sans croûte (p. 150)
servie avec 75 g (½ tasse) de quinoa
et 80 g (½ tasse) de tomates cerises

Collation

1 smoothie énergisant (p. 194)

SOIR

Filet de porc à la tomate et au vinaigre balsamique (p. 157)
servi avec des frites de patates douces épicées (p. 176)
et ½ assiette de salade (roquette, clémentines
et boules de mozzarella)

Collation

1 barre nutritive sans cuisson (p. 180)

250 ml (1 tasse) d'eau aux framboises,
aux bleuets et à la menthe (p. 182)

JOUR 18

MATIN

1 tomate farcie aux œufs, aux poivrons et aux épinards (p. 102)

20 g (2 c. à soupe) d'amandes

125 g (½ tasse) de salade de fruits maison

Collation

1 muffin à la purée de pommes et aux raisins secs (p. 204)

MIDI

Cocotte de poulet braisé aux poivrons (p. 144) servie avec 1 patate douce cuite au four et ½ assiette de roquette, concombre et tomates cerises

Collation

30 g (2 c. à soupe) de compote de légumes rôtis (p. 190)

1 branche de céleri

SOIR

Soupe aux pois chiches et aux tomates (p. 105)

1 croquette de lentilles au cari (p. 178) servie avec ½ assiette de salade (laitue, tomates cerises, oignon vert, artichaut)

2 clémentines

Collation

20 g (2 tasses) de maïs soufflé nature

250 ml (1 tasse) d'eau aux framboises, aux bleuets et à la menthe (p. 182)

JOUR 19

MATIN

1 smoothie aux framboises (p. 188)

1 tranche de pain nutritif sans gluten (p. 170)
avec 15 g (1 c. à soupe) de beurre d'amande

Collation
1 barre nutritive sans cuisson (p. 180)

250 ml (1 tasse) d'eau aux framboises, aux bleuets et à la menthe (p. 182)

MIDI

Chili con carne (p. 134)
servi avec ½ assiette de salade de verdure

Pain plat aux lentilles (p. 174)

Collation
2 clémentines

SOIR

Saumon à la salsa de pêches (p. 166)
servi avec 160 g (1 tasse) de brocoli
et 100 g (½ tasse) de riz brun aux noisettes (p. 173)

Collation
1 brownie « garbanzo » au chocolat (p. 196)

250 ml (1 tasse) de lait ou de boisson végétale enrichie (soya ou amande)

JOUR 20

MATIN

1 galette de sarrasin au saumon fumé
et aux asperges (p. 98)

1 orange

Collation

15 g (2 c. à soupe) de noix mélangées

75 g (½ tasse) de bleuets

MIDI

Taboulé de millet et de haricots à la menthe (p. 128)
1 croquette de lentilles au cari (p. 178)

Collation

Pouding au chia (125 ml [½ tasse] de lait
[ou boisson de soya] au chocolat
avec 25 g [2 c. à soupe] de graines de chia)

SOIR

Crevettes grillées à la salsa de mangue
et de concombre à la menthe (p. 136)
servies avec 160 g (1 tasse) de brocoli
et 75 g (½ tasse) de quinoa cuit

Collation

Gâteau moelleux aux dattes (p. 202)

250 ml (1 tasse) de lait ou de boisson
végétale enrichie (soya ou amande)

JOUR 21

MATIN

1 yogourt croquant aux petits fruits (p. 192)

1 muffin à la purée de pommes
et aux raisins secs (p. 204)

Collation

20 g (2 c. à soupe) d'amandes

1 petite banane

MIDI

Salade de sarrasin à la grenade et aux edamame (p. 130)
Saumon à l'orange et au gingembre (p. 146)

Collation

1 morceau de gâteau au citron,
aux amandes et à la noix de coco (p. 186)

SOIR

Salade de haricots, d'épinards et de pommes
à l'érable (p. 133)

Pâté chinois au quinoa (p. 142)

Collation

1 smoothie énergisant

LES RECETTES

59 IDÉES SANTÉ

Dans les recettes suivantes, vous trouverez parfois des capsules INFO SANS GLUTEN, qui vous renseigneront sur certains aliments phares du régime sans gluten. Cela vous permettra d'identifier facilement les meilleurs aliments pour votre santé.

PETITS-DÉJEUNERS

ENTRÉES, SOUPES ET SALADES

PLATS PRINCIPAUX

GRUAU DE SARRASIN
avec purée de fruits

6 portions • **PRÉPARATION** : 15 minutes • **CUISSON** : 30 minutes

INGRÉDIENTS

- 40 g (¼ tasse) d'abricots séchés
- 40 g (¼ tasse) de raisins secs
- 250 ml (1 tasse) d'eau
- 30 g (¼ tasse) de framboises
- 180 g (2 tasses) de flocons de sarrasin certifiés sans gluten
- 250 ml (1 tasse) de boisson de soya enrichie non sucrée ou de lait sans lactose
- 1 pincée de sel
- 1 pincée de muscade moulue certifiée sans gluten
- 1 pincée de cannelle moulue certifiée sans gluten

Valeur nutritive par portion	
Teneur	% valeur quotidienne
Calories 370	
Lipides 3,5 g	5 %
Saturés 0,1 g + trans/Trans 0 g	1 %
Polyinsaturés 0,4 g	
Oméga 6 0,3 g	
Oméga 3 0,1 g	
Monoinsaturés 0,2 g	
Cholestérol 0 mg	0 %
Sodium 50 mg	2 %
Potassium 180 mg	5 %
Glucides 71 g	24 %
Fibres 1 g	4 %
Sucres 4 g	
Protéines 13 g	
Vitamine A 64 ER	6 %
Vitamine C 2 mg	4 %
Calcium 62 mg	6 %
Fer 0,9 mg	6 %
Phosphore 38,9 mg	4 %

PRÉPARATION

Déposer les abricots, les raisins secs et l'eau dans une casserole. Porter à ébullition. Réduire le feu et laisser mijoter à découvert, à feu moyen, pendant 20 minutes ou jusqu'à ce que les abricots soient tendres.

Transvider les fruits secs dans le réceptacle d'un robot culinaire. Ajouter les framboises (si désiré, en garder quelques-unes pour la décoration) et mélanger jusqu'à l'obtention d'une purée. Réserver jusqu'au service.

Dans une casserole, mélanger les flocons de sarrasin avec la boisson de soya et le sel. Porter à ébullition, réduire le feu et laisser mijoter environ 5 minutes, en remuant fréquemment, jusqu'à l'obtention d'une texture crémeuse.

Répartir le gruau dans six bols de service. Garnir de quelques framboises et de la purée de fruits. Saupoudrer de muscade et de cannelle.

CONSEIL PRATIQUE

Ce gruau se conserve pendant 3 jours et peut être servi au petit-déjeuner ou en collation.

ŒUFS POCHÉS
sur pommes de terre sautées et brocoli

4 portions • **PRÉPARATION** : 10 minutes • **CUISSON** : 25 minutes

INGRÉDIENTS

- 400 g (2 ½ tasses) de pommes de terre moyennes, coupées en cubes
- 400 g (2 ½ tasses) de fleurons de brocoli
- 30 ml (2 c. à soupe) d'huile de tournesol
- 1 oignon, haché finement
- 1 gousse d'ail, hachée finement
- 20 g (2 c. à soupe) de graines de sésame
- 0,25 g (½ c. à thé) de flocons de piment
- Sel et poivre, au goût
- 4 gros œufs
- 5 ml (1 c. à thé) de vinaigre blanc

Valeur nutritive par portion	
Teneur	**% valeur quotidienne**
Calories 320	
Lipides 15 g	23 %
Saturés 2,5 g	13%
+ trans/Trans 0 g	
Polyinsaturés 1,5 g	
Oméga 6 1,5 g	
Oméga 3 0,1 g	
Monoinsaturés 3 g	
Cholestérol 190 mg	62%
Sodium 130 mg	5 %
Potassium 770 mg	22 %
Glucides 34 g	11 %
Fibres 5 g	20 %
Sucres 4 g	
Protéines 11 g	
Vitamine A 111 ER	10 %
Vitamine C 70 mg	120 %
Calcium 88 mg	8 %
Fer 2,5 mg	20 %
Phosphore 206,9 mg	20 %

PRÉPARATION

Cuire les pommes de terre dans l'eau salée pendant 6 minutes. Bien égoutter.

Cuire les fleurons de brocoli à la vapeur pendant 3 minutes.

Dans une poêle, à feu vif, chauffer l'huile et faire revenir l'oignon et l'ail pendant 2 minutes. Ajouter les pommes de terre. Poursuivre la cuisson pendant 8 minutes ou jusqu'à tendreté. Baisser le feu et ajouter le brocoli, les graines de sésame et les flocons de piment. Assaisonner et réserver.

Dans un petit bol, casser les œufs un à un. Dans une casserole contenant de l'eau vinaigrée à peine frémissante (légère ébullition), faire glisser les œufs délicatement dans l'eau un à un et les laisser pocher pendant 3 à 4 minutes ou jusqu'à ce que le blanc coagule.

Déposer chaque œuf sur un lit de pommes de terre sautées et de brocoli.

CONSEIL PRATIQUE

N'ôtez pas la pelure des pommes de terre afin de conserver toutes les vitamines et tous les nutriments qu'elle renferme.

MINI FRITTATAS forestières

4 portions • **PRÉPARATION** : 15 minutes • **CUISSON** : 15 minutes

INGRÉDIENTS

- ½ oignon, haché
- 1 gousse d'ail, hachée (facultatif)
- 250 g (2 ½ tasses) de champignons, coupés en quartiers
- 10 ml (2 c. à thé) d'huile d'olive ou autre
- 3 gros œufs
- 100 g (3 ½ oz) de jambon fumé, coupé en dés (facultatif)
- 100 g (3 ½ oz) de fromage suisse sans lactose, coupé en dés
- 75 ml (5 c. à soupe) de lait sans lactose ou d'eau
- 1 pincée de thym séché certifié sans gluten
- Sel et poivre, au goût

PRÉPARATION

Préchauffer le four à 180 °C (350 °F).

Dans un poêle, à feu moyen, faire revenir l'oignon, l'ail et les champignons dans l'huile pendant 3 à 4 minutes. Réserver.

Dans un bol, battre les œufs. Ajouter tous les ingrédients de la recette. Assaisonner et mélanger.

Verser la préparation dans huit moules à muffins à revêtement antiadhésif et cuire au centre du four pendant 10 à 12 minutes.

CONSEIL PRATIQUE

Pour conserver les mini frittatas, emballez-les dans des sacs en plastique alors qu'elles sont encore tièdes afin de préserver leur humidité.

Valeur nutritive par portion	
Teneur	**% valeur quotidienne**
Calories 230	
Lipides 14 g	22 %
Saturés 6 g	30 %
+ trans/Trans 0 g	
Polyinsaturés 2,5 g	
Oméga 6 2,5 g	
Oméga 3 0,1 g	
Monoinsaturés 4 g	
Cholestérol 180 mg	58 %
Sodium 380 mg	16 %
Potassium 320 mg	9 %
Glucides 9 g	3 %
Fibres 1 g	4 %
Sucres 3 g	
Protéines 18 g	
Vitamine A 109 ER	10 %
Vitamine C 5 mg	8 %
Calcium 236 mg	20 %
Fer 1,2 mg	8 %
Phosphore 259,5 mg	25 %

GALETTES DE SARRASIN
au saumon fumé et aux asperges

4 portions • **PRÉPARATION** : 10 minutes • **REPOS** (facultatif) : 1 à 2 heures • **CUISSON** : 25 minutes

INGRÉDIENTS

- 125 g (1 tasse) de farine de sarrasin certifiée sans gluten
- 2 g (½ c. à thé) de sel
- 1 g (¼ c. à thé) de bicarbonate de soude
- 375 ml (1 ½ tasse) d'eau froide
- 15 ml (1 c. à soupe) d'huile d'olive
- 16 asperges
- 125 g (4 oz) de tranches de saumon fumé ou de truite fumée

Valeur nutritive par portion	
Teneur	**% valeur quotidienne**
Calories 200	
Lipides 6 g	9 %
Saturés 1 g	5 %
+ trans/Trans 0 g	
Polyinsaturés 3 g	
Oméga 6 3 g	
Oméga 3 0,2 g	
Monoinsaturés 1,5 g	
Cholestérol 5 mg	2 %
Sodium 570 mg	24 %
Potassium 360 mg	10 %
Glucides 25 g	8 %
Fibres 3 g	12 %
Sucres 2 g	
Protéines 11 g	
Vitamine A 52 ER	6 %
Vitamine C 3 mg	6 %
Calcium 33 mg	4 %
Fer 2,8 mg	20 %
Phosphore 188,3 mg	15 %

PRÉPARATION

Dans un bol, à l'aide d'un fouet, mélanger la farine de sarrasin, le sel et le bicarbonate de soude avec l'eau jusqu'à l'obtention d'une texture coulante et lisse. Pour une pâte plus légère, la laisser reposer au réfrigérateur pendant 1 à 2 heures.

Dans une poêle légèrement huilée, à feu moyen, cuire environ 60 ml (4 c. à soupe) de la préparation au centre de la poêle et l'étendre rapidement en faisant pivoter la poêle ou à l'aide d'un ustensile. Retourner la crêpe quand le dessous est légèrement doré. Poursuivre la cuisson pendant 30 secondes. Répéter l'opération avec le reste de la pâte pour obtenir un total de 4 galettes.

Cuire les asperges à la vapeur pendant 2 minutes.

Garnir les galettes de sarrasin avec les asperges et le saumon fumé.

Accompagnement : servir avec du jus de citron, de la crème sure sans lactose et des herbes fraîches.

CONSEIL PRATIQUE

Si vous ne voulez pas cuire toutes les crêpes le même jour, vous pouvez conserver la pâte au réfrigérateur pendant 3 jours.

GRANOLA maison

4 portions • **PRÉPARATION** : 10 minutes

INGRÉDIENTS

- 10 g (2 c. à soupe) de graines de tournesol ou de citrouille
- 35 g (¼ tasse) d'amandes hachées grossièrement
- 45 g (½ tasse) de flocons de sarrasin certifiés sans gluten
- 45 g (½ tasse) de flocons de riz certifiés sans gluten
- 45 g (½ tasse) de flocons de quinoa certifiés sans gluten
- 60 g (½ tasse) de canneberges ou de pommes séchées hachées grossièrement
- 10 g (1 c. à soupe) de dattes dénoyautées hachées grossièrement

Valeur nutritive par portion

Teneur	% valeur quotidienne
Calories 390	
Lipides 9 g	14 %
Saturés 0,5 g	3%
+ trans/Trans 0 g	
Polyinsaturés 4 g	
Oméga 6 3,5 g	
Oméga 3 0,5 g	
Monoinsaturés 1 g	
Cholestérol 0 mg	0%
Sodium 15 mg	1 %
Potassium 130 mg	4 %
Glucides 68 g	23 %
Fibres 5 g	20 %
Sucres 11 g	
Protéines 10 g	
Vitamine A 2 ER	0 %
Vitamine C 1 mg	2 %
Calcium 17 mg	2 %
Fer 1,8 mg	15 %
Phosphore 74,6 mg	6 %

PRÉPARATION

Dans une poêle, à feu moyen, faire griller à sec les graines et les amandes pendant 4 minutes ou jusqu'à ce qu'elles soient d'une belle couleur dorée.

Laisser reposer dans un grand bol. Ajouter les flocons, les canneberges séchées et les dattes. Bien mélanger.

VARIANTE

Vous pouvez remplacer les amandes par 25 g (¼ tasse) de noix de Grenoble.

SUGGESTION

Agrémentez vos yogourts (sans amidon) et purées de fruits avec ce granola sans gluten.

CONSEIL PRATIQUE

Cette recette se conserve pendant 1 semaine au réfrigérateur dans un contenant scellé hermétiquement.

TOMATES FARCIES AUX ŒUFS, aux poivrons et aux épinards

4 portions • **PRÉPARATION** : 15 minutes • **CUISSON** : 15 minutes

INGRÉDIENTS

- 4 petites tomates
- ½ oignon, haché
- ½ poivron rouge, coupé en dés
- 2 g (1 c. à thé) de graines de cumin
- 10 ml (2 c. à thé) d'huile d'olive
- 2 gros œufs
- 60 g (½ tasse) de cheddar sans lactose, râpé
- 65 g (2 tasses) d'épinards frais, hachés grossièrement
- Sel et poivre, au goût

Valeur nutritive par portion	
Teneur	**% valeur quotidienne**
Calories 140	
Lipides 10 g	15 %
Saturés 4 g	21 %
+ trans/Trans 0,2 g	
Polyinsaturés 2 g	
Oméga 6 2 g	
Oméga 3 0,1 g	
Monoinsaturés 3 g	
Cholestérol 110 mg	37 %
Sodium 180 mg	7 %
Potassium 230 mg	7 %
Glucides 4 g	1 %
Fibres 1 g	4 %
Sucres 2 g	
Protéines 8 g	
Vitamine A 265 ER	25 %
Vitamine C 25 mg	40 %
Calcium 148 mg	15 %
Fer 1,3 mg	10 %
Phosphore 132 mg	10 %

PRÉPARATION

Préchauffer le four à 180 °C (350 °F).

Sur un plan de travail, couper la partie supérieure des tomates et les évider en veillant à ne pas perforer la paroi extérieure. Hacher grossièrement la chair de tomate prélevée. Réserver.

Dans une poêle, à feu moyen, faire revenir l'oignon, le poivron et les graines de cumin dans l'huile pendant 2 à 3 minutes.

Dans un bol, battre les œufs puis les verser dans la poêle. Ajouter le fromage. Cuire pendant 2 minutes en remuant constamment. Laisser refroidir 5 minutes. Réserver.

Ajouter les épinards et la chair de tomate. Mélanger et assaisonner au goût. Farcir les tomates de la préparation.

Déposer les tomates dans des moules à muffins tapissés de papier d'aluminium ou de papier parchemin. Cuire au centre du four pendant environ 8 minutes.

SOUPE aux pois chiches et aux tomates

6 portions • **PRÉPARATION** : 15 minutes • **CUISSON** : 45 minutes

PRÉPARATION

Dans une casserole, à feu doux, faire revenir dans l'huile d'olive, l'oignon et l'ail avec les carottes, le céleri, le paprika et l'origan pendant 5 à 6 minutes.

Ajouter les tomates, les pois chiches et le bouillon. Laisser mijoter pendant 35 à 40 minutes.

Saler et poivrer au goût. Ajouter le jus de citron avant de servir.

INGRÉDIENTS

- 15 ml (1 c. à soupe) d'huile d'olive
- 1 oignon, haché
- 3 gousses d'ail, hachées
- 2 carottes, coupées en dés
- 2 branches de céleri, coupées en dés
- 4 g (2 c. à thé) de paprika fumé certifié sans gluten
- 5 g (1 c. à soupe) d'origan séché certifié sans gluten
- 1 boîte de 796 ml (28 oz) de tomates en dés
- 1 boîte de 540 ml (19 oz) de pois chiches, égouttés
- 500 ml (2 tasses) de bouillon de volaille ou de légumes sans gluten
- Sel et poivre du moulin, au goût
- Le jus de ½ citron (facultatif)

Valeur nutritive par portion

Teneur	**% valeur quotidienne**
Calories 230	
Lipides 4,5 g	7 %
Saturés 0,5 g	3%
+ trans/Trans 0 g	
Polyinsaturés 1,5 g	
Oméga 6 1 g	
Oméga 3 0,1 g	
Monoinsaturés 2 g	
Cholestérol 0 mg	0%
Sodium 380 mg	16 %
Potassium 860 mg	25 %
Glucides 38 g	13 %
Fibres 7 g	28 %
Sucres 12 g	
Protéines 9 g	
Vitamine A 421 ER	40 %
Vitamine C 31 mg	50 %
Calcium 127 mg	10 %
Fer 3,4 mg	25 %
Phosphore 183 mg	15 %

INFO SANS GLUTEN

Les légumineuses, comme les pois chiches, sont riches en thiamine, fer, zinc, acide folique et fibres. Elles sont donc à privilégier dans le cadre d'un régime sans gluten pour éviter d'éventuelles carences (voir Les risques de carences nutritionnelles, page 43).

POTAGE DE PANAIS
aux pommes et au céleri

6 portions • **PRÉPARATION** : 15 minutes • **CUISSON** : 40 minutes

INGRÉDIENTS

4 ou 5 panais, pelés et coupés en rondelles

1 oignon, haché

2 gousses d'ail, hachées

2 branches de céleri, coupées en dés

1 l (4 tasses) de bouillon de légumes ou de volaille sans gluten

2 pommes, pelées, épépinées et coupées en cubes

Sel et poivre du moulin, au goût

PRÉPARATION

Dans une casserole, à feu doux, cuire les panais avec l'oignon, l'ail et le céleri dans le bouillon pendant environ 30 minutes.

Ajouter les pommes et poursuivre la cuisson pendant 10 minutes.

À l'aide d'un robot culinaire ou d'un pied-mélangeur, mélanger la soupe jusqu'à l'obtention d'une texture lisse. Saler et poivrer au goût. Allonger avec du bouillon, si désiré.

CONSEIL PRATIQUE

Cette recette peut se conserver pendant 5 jours au réfrigérateur.

Valeur nutritive par portion

Teneur	% valeur quotidienne
Calories 140	
Lipides 0,5 g	1 %
Saturés 0,1 g + trans/Trans 0 g	1%
Polyinsaturés 0,1 g	
Oméga 6 0,1 g	
Oméga 3 0 g	
Monoinsaturés 0,1 g	
Cholestérol 0 mg	0%
Sodium 75 mg	3 %
Potassium 660 mg	19 %
Glucides 31 g	10 %
Fibres 5 g	20 %
Sucres 12 g	
Protéines 4 g	
Vitamine A 11 ER	2 %
Vitamine C 20 mg	35 %
Calcium 70 mg	6 %
Fer 0,9 mg	6 %
Phosphore 102,4 mg	10 %

SALADE DE POULET À L'AVOCAT
et aux doliques à œil noir

4 portions • **PRÉPARATION** : 20 minutes • **CUISSON** : 15 minutes

INGRÉDIENTS

- 1 gousse d'ail, émincée
- 1 feuille de laurier (facultatif)
- 7 g (1 c. à soupe) de paprika certifié sans gluten
- 500 ml (2 tasses) de bouillon de poulet ou de légumes sans gluten
- 500 g (1 lb) de poitrines de poulet, coupées en lanières de 2,5 cm (1 po)

SALADE

- 1 tomate, épépinée et coupée en dés
- 1 avocat, dénoyauté et coupé en quartiers
- 180 g (1 tasse) de haricots doliques à œil noir, rincés et égouttés
- ½ oignon rouge, haché
- 30 ml (2 c. à soupe) de vinaigre de riz
- 2 g (2 c. à soupe) de coriandre fraîche, hachée grossièrement
- Sel et poivre du moulin, au goût

PRÉPARATION

Dans une casserole, à feu moyen, faire revenir l'ail, la feuille de laurier et le paprika. Ajouter le bouillon et porter à ébullition. Baisser le feu et ajouter les lanières de poulet. Cuire pendant 10 à 12 minutes et réserver.

Laisser refroidir 30 ml (2 c. à soupe) de bouillon pour la salade (conserver le reste au réfrigérateur pour une autre recette).

Dans un bol, mélanger délicatement tous les ingrédients de la salade avec le bouillon refroidi. Servir avec les lanières de poulet égouttées.

Valeur nutritive par portion

Teneur	**% valeur quotidienne**
Calories 240	
Lipides 7 g	11 %
Saturés 2 g	10%
+ trans/Trans 0 g	
Polyinsaturés 2 g	
Oméga 6 1,5 g	
Oméga 3 0,2 g	
Monoinsaturés 2,5 g	
Cholestérol 75 mg	25%
Sodium 300 mg	13 %
Potassium 560 mg	16 %
Glucides 15 g	5 %
Fibres 3 g	12 %
Sucres 2 g	
Protéines 30 g	
Vitamine A 106 ER	10 %
Vitamine C 12 mg	20 %
Calcium 54 mg	4 %
Fer 2,7 mg	20 %
Phosphore 261,6 mg	25 %

SALADE DE BROCOLI ET CHAMPIGNONS
au gingembre et au sésame

4 portions • **PRÉPARATION** : 20 minutes • **CUISSON** : 1 minute

INGRÉDIENTS

480 g (3 tasses) de fleurons de brocoli

200 g (2 tasses) de champignons, coupés en deux

2 oignons verts, ciselés

¼ poivron rouge, coupé en dés

VINAIGRETTE

10 ml (2 c. à thé) d'huile de sésame

30 ml (2 c. à soupe) de vinaigre de riz

10 ml (2 c. à thé) de sauce soya sans blé

1 gousse d'ail, hachée finement

5 ml (1 c. à thé) de sambal oelek (facultatif)

2 g (1 c. à thé) de gingembre frais râpé

10 g (1 c. à soupe) de graines de sésame

PRÉPARATION

Cuire les fleurons de brocoli à la vapeur pendant 1 minute. Les passer sous l'eau glacée pour arrêter la cuisson et fixer la couleur. Égoutter et laisser refroidir.

Dans un bol, émulsionner tous les ingrédients de la vinaigrette à l'aide d'un fouet.

Dans un saladier, mélanger tous les légumes avec la vinaigrette.

INFO SANS GLUTEN

Une alimentation riche en fibres est essentielle au confort gastro-intestinal.

Valeur nutritive par portion

Teneur	**% valeur quotidienne**
Calories 70	
Lipides 1,5 g	2 %
Saturés 0,2 g + trans/Trans 0 g	1 %
Polyinsaturés 0,5 g	
Oméga 6 0,5 g	
Oméga 3 0,5 g	
Monoinsaturés 0 g	
Cholestérol 0 mg	0%
Sodium 170 mg	7 %
Potassium 380 mg	11 %
Glucides 9 g	3 %
Fibres 3 g	12 %
Sucres 2 g	
Protéines 4 g	
Vitamine A 61 ER	6 %
Vitamine C 74 mg	120 %
Calcium 48 mg	4 %
Fer 1 mg	8 %
Phosphore 105,9 mg	10 %

CÉLERI-RAVE rémoulade

4 portions • **PRÉPARATION** : 15 minutes • **RÉFRIGÉRATION** : 1 à 2 heures

INGRÉDIENTS

- 1 gros ou 2 petits céleris-raves, pelés et taillés en julienne
- 1 pomme, épépinée et taillée en julienne
- Le jus de ½ citron
- 6 g (2 c. à soupe) de ciboulette ciselée
- 2 g (2 c. à thé) d'estragon frais haché

VINAIGRETTE

- 15 g (1 c. à soupe) de moutarde de Dijon
- 15 g (1 c. à soupe) de mayonnaise maison ou du commerce (sans gluten)
- 1 gousse d'ail, finement hachée
- 20 g (2 c. à soupe) de câpres, hachées
- Sel et poivre du moulin, au goût

PRÉPARATION

Dans un saladier, faire tremper les juliennes de céleri-rave et de pomme dans le jus de citron.

Dans un bol, mélanger tous les ingrédients de la vinaigrette.

Égoutter le céleri-rave et les pommes puis ajouter la vinaigrette. Bien mélanger et réfrigérer pendant 1 à 2 heures.

Au moment de servir, parsemer de ciboulette et d'estragon.

Valeur nutritive par portion

Teneur	**% valeur quotidienne**
Calories 80	
Lipides 3 g	5 %
Saturés 0,5 g + trans/Trans 0 g	3%
Polyinsaturés 1,5 g	
Oméga 6 1,5 g	
Oméga 3 0,2 g	
Monoinsaturés 0,5 g	
Cholestérol 1 mg	0%
Sodium 190 mg	8 %
Potassium 210 mg	6 %
Glucides 11 g	4 %
Fibres 3 g	12 %
Sucres 6 g	
Protéines 2 g	
Vitamine A 26 ER	2 %
Vitamine C 13 mg	20 %
Calcium 38 mg	4 %
Fer 0,7 mg	6 %
Phosphore 34,8 mg	4 %

SALADE DE RIZ
aux crevettes et aux petits fruits

2 portions • **PRÉPARATION** : 20 minutes • **CUISSON** : 15 minutes • **RÉFRIGÉRATION** : 1 heure

PRÉPARATION

Cuire le riz selon les indications inscrites sur l'emballage et laisser refroidir.

Dans un bol, bien mélanger le riz, les fruits, l'oignon vert, le céleri et le concombre. Ajouter les crevettes et les amandes, puis remuer délicatement.

Émulsionner les ingrédients de la vinaigrette à l'aide d'un fouet. Arroser la salade avec la vinaigrette et mélanger pour bien enrober tous les ingrédients. Réfrigérer au moins 1 heure avant de servir.

Présenter la salade sur une feuille de laitue (comme dans une coupelle) et parsemer de persil.

INGRÉDIENTS

- 65 g (1/3 tasse) de riz brun cru
- 110 g (¾ tasse) de bleuets
- 110 g (¾ tasse) de fraises, coupées en quartiers
- 1 oignon vert, émincé
- 65 g (½ tasse) de céleri coupé en dés
- 70 g (½ tasse) de concombre coupé en petits dés
- 225 g (½ lb) de crevettes nordiques
- 20 g (2 c. à soupe) d'amandes effilées, grillées
- 2 grandes feuilles de laitue
- Persil ciselé, au goût

VINAIGRETTE

- 15 ml (1 c. à soupe) de jus de lime
- 5 ml (1 c. à thé) de vinaigre de framboise
- 5 ml (1 c. à thé) de sirop d'érable
- 15 ml (1 c. à soupe) d'huile d'olive
- Sel et poivre, au goût

Valeur nutritive par portion

Teneur	**% valeur quotidienne**
Calories 420	
Lipides 14 g	22 %
Saturés 1,5 g	9%
+ trans/Trans 0,2 g	
Polyinsaturés 4 g	
Oméga 6 3 g	
Oméga 3 1 g	
Monoinsaturés 8 g	
Cholestérol 220 mg	73%
Sodium 290 mg	12 %
Potassium 650 mg	19 %
Glucides 44 g	15 %
Fibres 7 g	28 %
Sucres 11 g	
Protéines 29 g	
Vitamine A 111 ER	10 %
Vitamine C 43 mg	70 %
Calcium 123 mg	10 %
Fer 5,2 mg	35 %
Phosphore 323,5 mg	30 %

INFO SANS GLUTEN

Les crevettes sont une source de fer et de zinc. (Voir Les risques de carences nutritionnelles, page 43.)

SALADE DE HARICOTS NOIRS
à la mangue

4 portions • **PRÉPARATION** : 15 minutes • **CUISSON** : 25 minutes • **RÉFRIGÉRATION** : 1 heure

INGRÉDIENTS

65 g (⅓ tasse) de riz brun cru (ou 200 g/1 tasse de riz cuit)

50 g (½ tasse) de noix de Grenoble

1 boîte de 540 ml (19 oz) de haricots noirs, rincés et égouttés

175 g (1 tasse) de mangue fraîche coupée en morceaux

80 g (½ tasse) de tomates cerises, coupées en deux

25 g (¼ tasse) d'oignons verts hachés ou de ciboulette

95 g (3 tasses) de jeunes pousses d'épinards ou 60 g (3 tasses) de roquette

VINAIGRETTE

125 ml (½ tasse) de jus d'orange

15 ml (1 c. à soupe) de jus de lime

15 ml (1 c. à soupe) d'huile de canola ou d'huile de noix

Graines de coriandre moulues certifiées sans gluten, au goût

0,5 à 1g (¼ à ½ c. à thé) de curcuma certifié sans gluten

Sel et poivre, au goût

PRÉPARATION

Préchauffer le four à 180 °C (350 °F).

Cuire le riz selon les indications inscrites sur l'emballage et laisser refroidir.

Entre-temps, étaler les noix sur une plaque à pâtisserie et les faire dorer légèrement au four pendant 7 à 10 minutes.

Mélanger tous les ingrédients de la salade.

Émulsionner tous les ingrédients de la vinaigrette et arroser la salade. Mélanger et réfrigérer pendant 1 heure avant de servir.

VARIANTE

Vous pouvez remplacer le riz brun par 180 g (1 tasse) de millet cuit et refroidi.

Valeur nutritive par portion

Teneur	**% valeur quotidienne**
Calories 350	
Lipides 12 g	18 %
Saturés 1 g	6%
+ trans/Trans 0,1 g	
Polyinsaturés 7 g	
Oméga 6 5 g	
Oméga 3 1,5 g	
Monoinsaturés 3 g	
Cholestérol 0 mg	0%
Sodium 10 mg	0 %
Potassium 640 mg	18 %
Glucides 47 g	16 %
Fibres 10 g	40 %
Sucres 10 g	
Protéines 13 g	
Vitamine A 98 ER	10 %
Vitamine C 29 mg	50 %
Calcium 76 mg	6 %
Fer 3,3 mg	25 %
Phosphore 236,5 mg	20 %

SALADE DE HOMARD,
sauce vierge au concombre et aux câpres

4 portions • **PRÉPARATION** : 20 minutes

INGRÉDIENTS

40 g (2 tasses) de jeunes pousses de roquette

4 queues de homard, cuites

Sel et poivre du moulin, au goût

SAUCE VIERGE

140 g (1 tasse) de concombre, pelé, épépiné et coupé en petits dés

20 g (2 c. à soupe) de câpres, hachées

1 tomate, coupée en petits dés

20 g (2 c. à soupe) d'oignon rouge finement haché

1 gousse d'ail, hachée

3 g (1 c. à soupe) de basilic haché

Le jus et le zeste de ½ citron

30 ml (2 c. à soupe) de vinaigre de riz

PRÉPARATION

Dans un bol, mélanger tous les ingrédients de la sauce vierge.

Répartir la roquette dans quatre assiettes. Déposer une queue de homard au centre et napper de sauce vierge. Assaisonner au goût.

CONSEIL PRATIQUE

Vous pouvez préparer la sauce vierge 3 jours à l'avance et la conserver au réfrigérateur.

INFO SANS GLUTEN

Le homard possède une valeur nutritive très intéressante, car c'est une source de plusieurs vitamines et minéraux tels que le cuivre, le sélénium, le zinc et la vitamine B_{12}. Il est faible en gras saturés et contient des acides gras oméga-3 qui contribuent à la prévention des maladies cardiovasculaires.

Valeur nutritive par portion

Teneur	**% valeur quotidienne**
Calories 150	
Lipides 1 g	2 %
Saturés 0,2 g	1 %
+ trans/Trans 0 g	
Polyinsaturés 0,2 g	
Oméga 6 0,1 g	
Oméga 3 0,1 g	
Monoinsaturés 0,2 g	
Cholestérol 90 mg	30%
Sodium 380 mg	16 %
Potassium 590 mg	17 %
Glucides 7 g	2 %
Fibres 1 g	4 %
Sucres 1 g	
Protéines 27 g	
Vitamine A 69 ER	6 %
Vitamine C 16 mg	25 %
Calcium 120 mg	10 %
Fer 1 mg	8 %
Phosphore 258,2 mg	25 %

SALADE DE CHAMPIGNONS
à l'ail et aux fines herbes

4 portions • **PRÉPARATION** : 10 minutes • **CUISSON** : 15 minutes

INGRÉDIENTS

450 g (4 ½ tasses) de champignons blancs, nettoyés

1 gousse d'ail, hachée

4 g (2 c. à thé) de graines de fenouil

2 g (1 c. à thé) d'origan séché certifié sans gluten

30 ml (2 c. à soupe) de vinaigre balsamique

15 ml (1 c. à soupe) d'huile d'olive

1 tomate, épépinée et coupée en dés

5 g (1 c. à soupe) de persil frais haché (facultatif)

Sel et poivre du moulin, au goût

PRÉPARATION

Préchauffer le four à 180 °C (350 °F).

Dans un bol, mélanger les champignons avec l'ail, les graines de fenouil, l'origan, le vinaigre balsamique et l'huile d'olive.

Déposer les champignons sur une plaque de cuisson recouverte de papier sulfurisé. Cuire au centre du four pendant 10 à 12 minutes en remuant les champignons une fois pendant la cuisson.

Dans un bol, mélanger les champignons et le jus de cuisson avec les dés de tomate et le persil. Assaisonner au goût.

Valeur nutritive par portion

Teneur	**% valeur quotidienne**
Calories 90	
Lipides 4 g	6 %
Saturés 0,5 g + trans/Trans 0 g	3%
Polyinsaturés 0,5 g	
Oméga 6 0,5 g	
Oméga 3 0,5 g	
Monoinsaturés 2,5 g	
Cholestérol 0 mg	0%
Sodium 85 mg	3 %
Potassium 500 mg	14 %
Glucides 10 g	3 %
Fibres 3 g	12 %
Sucres 5 g	
Protéines 4 g	
Vitamine A 17 ER	2 %
Vitamine C 11 mg	20 %
Calcium 45 mg	4 %
Fer 1,3 mg	10 %
Phosphore 119,7 mg	10 %

ASPERGES TIÈDES,
sauce vierge aux olives et aux tomates

4 portions • **PRÉPARATION** : 10 minutes • **CUISSON** : 2 minutes

INGRÉDIENTS

500 g (1 lb) d'asperges fraîches

Sel et poivre du moulin, au goût

SAUCE VIERGE

80 g (½ tasse) de tomates cerises, coupées en quartiers

35 g (¼ tasse) d'olives noires dénoyautées et hachées grossièrement

1 gousse d'ail, hachée finement

Le zeste et le jus de ½ citron

15 ml (1 c. à soupe) de vinaigre de riz

15 ml (1 c. à soupe) d'huile d'olive

2 g (1 c. à thé) d'origan séché

5 g (1 c. à soupe) d'herbes fraîches hachées (persil, basilic, estragon, etc.)

PRÉPARATION

Dans un bol, mélanger tous les ingrédients de la sauce vierge.

Cuire les asperges à la vapeur ou dans l'eau bouillante pendant 1 à 2 minutes.

Servir les asperges tièdes nappées de sauce. Assaisonner au goût.

CONSEIL PRATIQUE

Choisissez les asperges au talon blanc, à la tige brillante et cassante, et au bourgeon très serré. Pour les cuire, attachez la botte à l'aide d'une ficelle de cuisine et placez-la debout dans une casserole d'eau bouillante sans immerger les pointes. Cette méthode préserve les éléments nutritifs concentrés dans les pointes.

INFO SANS GLUTEN

L'acide folique, contenu en grande quantité dans les asperges, joue un rôle important dans la formation des globules rouges du sang. Une personne qui ne consomme pas suffisamment d'acide folique peut développer une anémie. (Voir Les risques de carences nutritionnelles, page 43.)

Valeur nutritive par portion

Teneur	% valeur quotidienne
Calories 110	
Lipides 5 g	8 %
Saturés 0,5 g	3%
+ trans/Trans 0 g	
Polyinsaturés 0,5 g	
Oméga 6 0,5 g	
Oméga 3 0,1 g	
Monoinsaturés 3 g	
Cholestérol 0 mg	0%
Sodium 140 mg	6 %
Potassium 730 mg	21 %
Glucides 12 g	4 %
Fibres 5 g	20 %
Sucres 2 g	
Protéines 4 g	
Vitamine A 978 ER	100 %
Vitamine C 166 mg	280 %
Calcium 192 mg	15 %
Fer 7,8 mg	60 %
Phosphore 82,8 mg	8 %

SOUPE FROIDE
à la mangue

8 portions • **PRÉPARATION** : 20 minutes • **RÉFRIGÉRATION** : 2 heures

INGRÉDIENTS

- 350 g (2 tasses) de mangue fraîche, coupée en cubes
- 250 ml (1 tasse) d'eau de noix de coco (ne pas confondre avec le lait de coco)
- 1 poivron jaune, coupé en petits cubes
- 85 g (½ tasse) d'oignon doux haché finement
- 1 gousse d'ail, émincée
- 30 ml (2 c. à soupe) d'huile d'olive
- 30 ml (2 c. à soupe) de vinaigre de vin blanc
- 30 ml (2 c. à soupe) de jus de lime
- Sel et poivre, au goût
- 25 g (¼ tasse) de feuilles de menthe fraîche, ciselées

PRÉPARATION

Réserver quelques morceaux de mangue pour décorer. Déposer le reste dans le réceptacle d'un robot culinaire. Ajouter l'eau de coco et mixer jusqu'à l'obtention d'une texture lisse.

Ajouter le reste des ingrédients, sauf les morceaux de mangue réservés et les feuilles de menthe. Mixer jusqu'à l'obtention d'une purée lisse. Réfrigérer pendant au moins 2 heures avant de servir.

Verser la soupe froide dans des verrines. Décorer avec les morceaux de mangue réservés et les feuilles de menthe.

Valeur nutritive par portion

Teneur	% valeur quotidienne
Calories 80	
Lipides 3,5 g	5 %
Saturés 0,5 g + trans/Trans 0 g	3%
Polyinsaturés 0,4 g	
Oméga 6 0,3 g	
Oméga 3 0,1 g	
Monoinsaturés 2,5 g	
Cholestérol 0 mg	0%
Sodium 35 mg	2 %
Potassium 190 mg	5 %
Glucides 11 g	4 %
Fibres 2 g	8 %
Sucres 8 g	
Protéines 1 g	
Vitamine A 45 ER	4 %
Vitamine C 17 mg	30 %
Calcium 26 mg	2 %
Fer 0,6 mg	4 %
Phosphore 20,6 mg	2 %

SALADE DE LENTILLES
aux échalotes

4 portions • **PRÉPARATION** : 10 minutes • **CUISSON** : 20 minutes

INGRÉDIENTS

10 échalotes françaises, coupées en rondelles de 1 cm (½ po)

15 ml (1 c. à soupe) d'huile d'olive

125 ml (½ tasse) de bouillon de volaille ou de légumes sans gluten

1 boîte de 540 ml (19 oz) de lentilles cuites, égouttées

30 g (½ tasse) de persil frais haché

1 gousse d'ail, hachée finement

30 ml (2 c. à soupe) de vinaigre balsamique

Sel et poivre du moulin, au goût

PRÉPARATION

Dans une poêle, à feu doux, faire suer les échalotes dans l'huile d'olive pendant 10 à 15 minutes.

Ajouter le bouillon et poursuivre la cuisson pendant 5 minutes. Laisser refroidir.

Dans un bol, mélanger les lentilles, le persil, l'ail, le vinaigre balsamique et la préparation d'échalotes. Assaisonner au goût.

Valeur nutritive par portion

Teneur	**% valeur quotidienne**
Calories 150	
Lipides 3,5 g	5 %
Saturés 0,5 g + trans/Trans 0 g	3%
Polyinsaturés 0,5 g	
Oméga 6 0,5 g	
Oméga 3 0,1 g	
Monoinsaturés 2,5 g	
Cholestérol 0 mg	0%
Sodium 15 mg	1 %
Potassium 420 mg	12 %
Glucides 21 g	7 %
Fibres 4 g	16 %
Sucres 2 g	
Protéines 9 g	
Vitamine A 67 ER	6 %
Vitamine C 14 mg	25 %
Calcium 39 mg	4 %
Fer 3,6 mg	25 %
Phosphore 173,8 mg	15 %

TABOULÉ DE MILLET
et de haricots à la menthe

4 portions • **PRÉPARATION** : 15 minutes • **CUISSON** : 20 minutes

INGRÉDIENTS

- 250 ml (1 tasse) d'eau
- 105 g (½ tasse) de millet cru
- 200 g (1 tasse) de haricots rouges, rincés et égouttés
- 1 concombre anglais, pelé, épépiné et coupé en dés
- 1 tomate, épépinée et coupée en dés
- ½ oignon rouge, haché finement
- 1 ou 2 gousses d'ail, hachées finement
- 180 g (3 tasses) de persil frais, haché
- 25 g (¼ tasse) de menthe fraîche, ciselée
- 4 g (2 c. à thé) de graines de cumin (facultatif)
- Le jus et le zeste de 1 citron
- 30 ml (2 c. à soupe) de vinaigre de riz
- 30 ml (2 c. à soupe) d'huile d'olive
- Sel et poivre du moulin, au goût

PRÉPARATION

Dans une casserole, porter l'eau à ébullition.

Dans une poêle, à feu moyen, griller le millet à sec quelques minutes en remuant constamment.

Verser le millet dans l'eau bouillante, remuer, puis laisser mijoter à couvert, à feu doux, pendant 20 minutes ou jusqu'à absorption complète du liquide. Retirer du feu et laisser reposer quelques minutes (les grains se détacheront plus facilement). Laisser refroidir.

Entre-temps, dans un saladier, mélanger tous les autres ingrédients. Ajouter le millet refroidi et bien mélanger.

Valeur nutritive par portion

Teneur	**% valeur quotidienne**
Calories 360	
Lipides 8 g	12 %
Saturés 1 g + trans/Trans 0 g	5%
Polyinsaturés 1 g	
Oméga 6 0,5 g	
Oméga 3 0,1 g	
Monoinsaturés 5 g	
Cholestérol 0 mg	0%
Sodium 45 mg	2 %
Potassium 1390 mg	40 %
Glucides 54 g	18 %
Fibres 14 g	56 %
Sucres 3 g	
Protéines 18 g	
Vitamine A 438 ER	45 %
Vitamine C 95 mg	160 %
Calcium 193 mg	20 %
Fer 9,2 mg	70 %
Phosphore 336,4 mg	30 %

SALADE DE SARRASIN
à la grenade et aux edamame

4 portions • **PRÉPARATION** : 20 minutes

INGRÉDIENTS

- 1 grenade
- 270 g (1 ½ tasse) de grains de sarrasin, cuits à sec
- 130 g (1 tasse) d'edamame (fèves de soya), cuits
- 20 g (1 tasse) de roquette
- 25 g (¼ tasse) de noix de Grenoble certifiées sans gluten
- 40 g (¼ tasse) d'oignon rouge, coupé en dés
- 30 ml (2 c. à soupe) d'huile d'olive
- 15 ml (1 c. à soupe) de vinaigre balsamique
- 15 ml (1 c. à soupe) de sirop d'érable

PRÉPARATION

Prélever les pépins de la grenade.

Dans un saladier, mélanger les pépins de grenade, les grains de sarrasin, les edamame, la roquette, les noix de Grenoble et l'oignon rouge.

À l'aide d'un fouet, émulsionner l'huile d'olive, le vinaigre balsamique et le sirop d'érable.

Arroser la salade de vinaigrette et mélanger. Servir aussitôt.

VARIANTE

Vous pouvez remplacer les noix de Grenoble par des amandes ou des noix de cajou.

Valeur nutritive par portion

Teneur	**% valeur quotidienne**
Calories 250	
Lipides 12 g	18 %
Saturés 1,5 g	8%
+ trans/Trans 0 g	
Polyinsaturés 3 g	
Oméga 6 2,5 g	
Oméga 3 0,5 g	
Monoinsaturés 5 g	
Cholestérol 0 mg	0%
Sodium 110 mg	5 %
Potassium 220 mg	6 %
Glucides 28 g	9 %
Fibres 4 g	16 %
Sucres 12 g	
Protéines 8 g	
Vitamine A 25 ER	2 %
Vitamine C 6 mg	10 %
Calcium 50 mg	4 %
Fer 1,8 mg	15 %
Phosphore 72,1 mg	6 %

SALADE DE HARICOTS, d'épinards et de pommes à l'érable

4 portions • **PRÉPARATION** : 15 minutes

PRÉPARATION

Dans un bol, mélanger tous les ingrédients de la salade.

Dans un autre bol, à l'aide d'un fouet, émulsionner les ingrédients de la vinaigrette.

Verser la vinaigrette sur la salade et bien mélanger.

Valeur nutritive par portion	
Teneur	% valeur quotidienne
Calories 110	
Lipides 6 g	9 %
Saturés 0,5 g + trans/Trans 0 g	3%
Polyinsaturés 0,5 g	
Oméga 6 0,5 g	
Oméga 3 0,1 g	
Monoinsaturés 4 g	
Cholestérol 0 mg	0%
Sodium 15 mg	1 %
Potassium 270 mg	8 %
Glucides 13 g	4 %
Fibres 3 g	12 %
Sucres 8 g	
Protéines 2 g	
Vitamine A 188 ER	20 %
Vitamine C 15 mg	25 %
Calcium 51 mg	4 %
Fer 1,4 mg	10 %
Phosphore 42,3 mg	4 %

INGRÉDIENTS

- 285 g (1 ½ tasse) de haricots verts, cuits
- 65 g (2 tasses) de jeunes pousses d'épinards
- 1 pomme, épépinée et coupée en lanières
- 15 g (2 c. à soupe) de noisettes hachées
- 3 g (1 c. à soupe) d'estragon frais haché
- 5 g (1 c. à soupe) de persil frais haché

VINAIGRETTE

- 15 ml (1 c. à soupe) d'huile de noix ou d'olive
- 15 ml (1 c. à soupe) de sirop d'érable
- 15 ml (1 c. à soupe) de vinaigre de cidre de pomme
- Sel et poivre du moulin, au goût

CHILI CON CARNE

4 portions • **PRÉPARATION** : 10 minutes • **CUISSON** : 35 minutes

INGRÉDIENTS

- 500 g (1 lb) de bœuf haché maigre
- 1 oignon, émincé
- 1 gousse d'ail, émincée
- 1 branche de céleri, hachée
- 125 ml (½ tasse) de jus de tomate
- 1 poivron vert, coupé en petits dés
- 1 poivron rouge, coupé en petits dés
- 1 boîte de 540 ml (19 oz) de tomates en dés
- 4 g (2 c. à thé) d'assaisonnement au chili certifié sans gluten
- 2 g (1 c. à thé) d'origan séché certifié sans gluten
- 3 g (1 c. à soupe) de basilic frais ciselé
- Sel et poivre, au goût
- 1 boîte de 540 ml (19 oz) de haricots rouges, rincés et égouttés

PRÉPARATION

Dans une casserole à revêtement anti-adhésif, à feu moyen, faire revenir le bœuf, l'oignon, l'ail et le céleri pendant 10 minutes. Mouiller avec un peu d'eau au besoin.

Ajouter le jus de tomate, les poivrons, les tomates et les assaisonnements. Bien mélanger. Couvrir et laisser mijoter à feu doux pendant 20 minutes.

Ajouter les haricots rouges et remuer. Couvrir et poursuivre la cuisson pendant 5 minutes. Ajouter du jus de tomate ou de l'eau, si la texture est trop épaisse.

Accompagnement : servir le chili avec une salade de verdure et du riz brun ou avec du pain plat aux lentilles (voir recette p. 174), selon le menu du jour.

Valeur nutritive par portion	
Teneur	**% valeur quotidienne**
Calories 470	
Lipides 17 g	26 %
Saturés 6 g	33%
+ trans/Trans 0,5 g	
Polyinsaturés 1 g	
Oméga 6 0,5 g	
Oméga 3 0,3 g	
Monoinsaturés 7 g	
Cholestérol 70 mg	23%
Sodium 380 mg	16 %
Potassium 1430 mg	41 %
Glucides 44 g	15 %
Fibres 11 g	44 %
Sucres 11 g	
Protéines 34 g	
Vitamine A 164 ER	15 %
Vitamine C 100 mg	170 %
Calcium 123 mg	10 %
Fer 6,6 mg	45 %
Phosphore 407,1 mg	35 %

CREVETTES GRILLÉES À LA SALSA
de mangue et de concombre à la menthe

4 portions • **PRÉPARATION** : 25 minutes • **CUISSON** : 5 minutes

INGRÉDIENTS

500 g (1 lb) de crevettes de grosseur 20-25, décortiquées

2 g (1 c. à thé) de paprika certifié sans gluten

Le jus de ¼ lime

SALSA

¼ oignon, haché finement

½ concombre, coupé en petits dés

1 mangue, pelée et coupée en petits dés

1 gousse d'ail, hachée finement

Le jus de ½ lime

30 ml (2 c. à soupe) de vinaigre de riz

2 g (1 c. à thé) de coriandre moulue certifiée sans gluten (facultatif)

2 g (1 c. à thé) de cumin moulu certifié sans gluten (facultatif)

0,5 g (1 c. à thé) de flocons de piment (facultatif)

6 g (1 c. à soupe) de feuilles de menthe ciselées

PRÉPARATION

Dans un bol, enrober les crevettes de paprika et de jus de lime.

Préchauffer le barbecue à température élevée et huiler la grille. (Prévoir une petite assiette en aluminium si le barbecue est utilisé pour cuire des aliments pouvant contenir du gluten afin d'éviter toute contamination croisée.)

Faire griller les crevettes pendant 1 à 2 minutes de chaque côté.

Dans un bol, mélanger tous les ingrédients de la salsa. Servir les crevettes grillées accompagnées de salsa.

Accompagnement : servir les crevettes avec une soupe aux pois chiches et aux tomates (voir recette p. 105) ou avec du brocoli et du quinoa, selon le menu du jour.

CONSEIL PRATIQUE

Vous pouvez enfiler les crevettes sur des brochettes avant de les cuire. Si vous utilisez des brochettes en bois, faites-les tremper pendant 30 minutes dans l'eau froide avant de les utiliser.

Valeur nutritive par portion

Teneur	**% valeur quotidienne**
Calories 170	
Lipides 1,5 g	2 %
Saturés 0,4 g	2%
+ trans/Trans 0 g	
Polyinsaturés 0,5 g	
Oméga 6 0,2 g	
Oméga 3 0,4 g	
Monoinsaturés 0,4 g	
Cholestérol 220 mg	73%
Sodium 260 mg	11 %
Potassium 380 mg	11 %
Glucides 13 g	4 %
Fibres 2 g	8 %
Sucres 9 g	
Protéines 25 g	
Vitamine A 159 ER	15 %
Vitamine C 16 mg	25 %
Calcium 74 mg	6 %
Fer 4,4 mg	30 %
Phosphore 183 mg	15 %

LASAGNE DE COURGETTES
à la florentine

8 portions • **PRÉPARATION** : 20 minutes • **CUISSON** : 1 heure

INGRÉDIENTS

- 500 g (1 lb) de bœuf haché maigre
- 1 petit oignon, émincé
- 2 gousses d'ail, émincées
- Sel et poivre, au goût
- 1 boîte de 540 ml (19 oz) de tomates en dés
- 10 g (3 c. à soupe) de basilic frais, ciselé
- 240 g (1 tasse) de fromage cottage
- 260 g (1 tasse) de ricotta légère
- 50 g (¼ tasse) de graines de chia certifiées sans gluten
- 25 g (¼ tasse) de parmesan, râpé
- 60 g (2 tasses) de jeunes pousses d'épinards fraîches
- 2 gros œufs
- 4 courgettes, émincées sur la longueur en tranches de 3 mm (1/8 po)
- 125 g (1 tasse) de fromage râpé à 20 % et moins de M.G.

Accompagnement : servir avec une salade selon le menu du jour.

PRÉPARATION

Placer la grille au centre du four. Préchauffer le four à 180 °C (350 °F).

Dans une poêle, faire revenir la viande, l'oignon et l'ail pendant 10 minutes. Saler et poivrer au goût. Ajouter les tomates, remuer et poursuivre la cuisson pendant 10 minutes. Ajouter le basilic et réserver.

Dans un bol, mélanger le cottage, la ricotta, les graines de chia, le parmesan et les épinards.

Dans un autre bol, battre les œufs puis les ajouter à la préparation précédente. Réserver.

Huiler un plat de cuisson de 33 x 23 cm (13 x 9 po). Assembler la lasagne comme suit : courgettes, préparation d'épinards, courgettes, préparation de viande, courgettes, préparation d'épinards, courgettes. Terminer avec la préparation de viande. Couvrir de fromage râpé. Cuire au four environ 45 minutes, puis passer sous le gril environ 5 minutes.

Valeur nutritive par portion	
Teneur	**% valeur quotidienne**
Calories 360	
Lipides 20 g	31 %
Saturés 8 g	42 %
+ trans/Trans 0,4 g	
Polyinsaturés 3,5 g	
Oméga 6 1,5 g	
Oméga 3 2,5 g	
Monoinsaturés 6 g	
Cholestérol 105 mg	35 %
Sodium 380 mg	16 %
Potassium 670 mg	19 %
Glucides 16 g	5 %
Fibres 7 g	28 %
Sucres 3 g	
Protéines 30 g	
Vitamine A 605 ER	60 %
Vitamine C 15 mg	25 %
Calcium 426 mg	40 %
Fer 3,6 mg	25 %
Phosphore 475,2 mg	45 %

QUINOA au poulet

4 portions • **PRÉPARATION** : 15 minutes • **CUISSON** : 35 minutes

PRÉPARATION

Dans une casserole, verser le quinoa et l'eau. Porter à ébullition. Réduire le feu et cuire à couvert pendant environ 15 minutes ou jusqu'à ce que le liquide soit complètement absorbé. Réserver.

Dans une poêle, faire suer l'oignon dans l'huile d'olive pendant 5 minutes. Ajouter l'ail et les suprêmes de poulet, et poursuivre la cuisson pendant 12 minutes environ.

Ajouter le pesto et le quinoa cuit. Remuer et poursuivre la cuisson pendant 2 minutes. Assaisonner et servir chaud, parsemé de persil ciselé.

Accompagnement : servir avec une salade (laitue, câpres, tomates, oignon vert).

INGRÉDIENTS

180 g (1 tasse) de quinoa non cuit certifié sans gluten

410 ml (1 $^{2}/_{3}$ tasse) d'eau

1 oignon moyen, émincé

15 ml (1 c. à soupe) d'huile d'olive

2 gousses d'ail, émincées

500 g (1 lb) de suprêmes de poulet, coupés en petits cubes

30 g (2 c. à soupe) de pesto au basilic

Sel et poivre du moulin, au goût

Persil ciselé, au goût

VARIANTE

Vous pouvez remplacer le quinoa par la même quantité de riz basmati.

Valeur nutritive par portion

Teneur	**% valeur quotidienne**
Calories 450	
Lipides 13 g	20 %
Saturés 2 g	10%
+ trans/Trans 0 g	
Polyinsaturés 3 g	
Oméga 6 2,5 g	
Oméga 3 0,2 g	
Monoinsaturés 4,5 g	
Cholestérol 45 mg	15%
Sodium 85 mg	3 %
Potassium 800 mg	23 %
Glucides 51 g	17 %
Fibres 5 g	20 %
Sucres 3 g	
Protéines 31 g	
Vitamine A 19 ER	2 %
Vitamine C 8 mg	15 %
Calcium 87 mg	8 %
Fer 6,9 mg	50 %
Phosphore 494,4 mg	45 %

PÂTÉ CHINOIS au quinoa

4 portions • **PRÉPARATION** : 30 minutes • **CUISSON** : 1 heure

INGRÉDIENTS

5 pommes de terre moyennes, pelées et coupées en morceaux

4 carottes moyennes, coupées en tronçons

1 petit rutabaga, coupé en morceaux

90 g (½ tasse) de quinoa cru

375 ml (1 ½ tasse) d'eau

1 oignon, émincé

225 g (½ lb) de bœuf haché maigre

125 ml (½ tasse) de lait ou de boisson de soya enrichie

30 ml (2 c. à soupe) d'huile d'olive ou de canola

10 g (2 c. à soupe) d'herbes de Provence séchées certifiées sans gluten

Sel et poivre, au goût

Valeur nutritive par portion Teneur	% valeur quotidienne
Calories 530	
Lipides 20 g	31 %
Saturés 4,5 g	23%
+ trans/Trans 0,1 g	
Polyinsaturés 3 g	
Oméga 6 1,5 g	
Oméga 3 0,2 g	
Monoinsaturés 11 g	
Cholestérol 50 mg	17%
Sodium 220 mg	9 %
Potassium 1170 mg	33 %
Glucides 61 g	20 %
Fibres 7 g	28 %
Sucres 6 g	
Protéines 26 g	
Vitamine A 812 ER	80 %
Vitamine C 24 mg	40 %
Calcium 118 mg	10 %

PRÉPARATION

Préchauffer le four à 180 °C (350 °F).

Dans une casserole, cuire les pommes de terre, les carottes et le rutabaga dans l'eau bouillante salée pendant environ 20 minutes, jusqu'à tendreté.

Verser le quinoa dans une passoire à mailles fines et rincer à l'eau froide. Dans une autre casserole, porter l'eau à ébullition et ajouter le quinoa en pluie. Réduire le feu, couvrir et cuire pendant 15 minutes.

Entre-temps, faire revenir l'oignon et le bœuf haché dans une poêle à revêtement antiadhésif. Réserver.

Égoutter les légumes et les réduire en purée à l'aide d'un pilon. Ajouter le lait, l'huile et les herbes de Provence. Assaisonner, bien mélanger et réserver.

Dans la poêle contenant le bœuf, ajouter le quinoa cuit et remuer.

Dans un plat de cuisson de 20 x 20 cm (8 x 8 po), presser légèrement la viande et le quinoa. Couvrir uniformément de purée de légumes. Cuire au four pendant environ 30 minutes.

Accompagnement : servir avec une salade, selon le menu du jour.

COCOTTE DE POULET BRAISÉ
aux poivrons

4 portions • **PRÉPARATION** : 10 minutes • **CUISSON** : 1 heure 45 minutes

INGRÉDIENTS

4 poivrons rouges, épépinés et coupés en dés

1 oignon, coupé en dés

2 gousses d'ail, hachées

4 g (2 c. à thé) de graines de fenouil

4 g (2 c. à thé) d'origan séché certifié sans gluten

2 g (1 c. à thé) de paprika certifié sans gluten

15 ml (1 c. à soupe) d'huile d'olive

2 poitrines de poulet d'environ 225 g (½ lb) chacune, désossées et sans peau

Sel et poivre, au goût

PRÉPARATION

Préchauffer le four à 135 °C (275 °F).

Dans un bol, mélanger les poivrons, l'oignon, l'ail, le fenouil, l'origan, le paprika et l'huile d'olive.

Mettre le quart de la préparation dans une cocotte allant au four. Déposer ensuite les poitrines de poulet et assaisonner au goût. Recouvrir du reste de la préparation. Cuire à couvert, au centre du four, pendant 1 heure 45 minutes.

Accompagnement : servir avec une patate douce cuite au four et une salade, selon le menu du jour.

Valeur nutritive par portion

Teneur	**% valeur quotidienne**
Calories 300	
Lipides 12 g	18 %
Saturés 3 g + trans/Trans 0 g	15%
Polyinsaturés 2,5 g	
Oméga 6 2 g	
Oméga 3 0,3 g	
Monoinsaturés 6 g	
Cholestérol 95 mg	32%
Sodium 140 mg	6 %
Potassium 590 mg	17 %
Glucides 14 g	5 %
Fibres 3 g	12 %
Sucres 5 g	
Protéines 33 g	
Vitamine A 281 ER	30 %
Vitamine C 75 mg	120 %
Calcium 75 mg	6 %
Fer 2,8 mg	20 %
Phosphore 295,9 mg	25 %

SAUMON À L'ORANGE
et au gingembre

4 portions • **PRÉPARATION** : 20 minutes • **CUISSON** : 25 minutes

INGRÉDIENTS

- Le jus de 2 oranges
- Le zeste de 1 orange
- 10 ml (2 c. à thé) de sauce tamari sans gluten
- 2 g (1 c. à thé) de gingembre frais, râpé
- 10 ml (2 c. à thé) d'huile de sésame grillé
- 4 filets de saumon d'environ 125 g (4 oz) chacun

Valeur nutritive par portion	
Teneur	**% valeur quotidienne**
Calories 220	
Lipides 8 g	12 %
Saturés 1 g	5%
+ trans/Trans 0 g	
Polyinsaturés 3 g	
Oméga 6 1 g	
Oméga 3 2 g	
Monoinsaturés 2,5 g	
Cholestérol 85 mg	28%
Sodium 280 mg	12 %
Potassium 610 mg	17 %
Glucides 5 g	2 %
Fibres 0 g	0 %
Sucres 4 g	
Protéines 33 g	
Vitamine A 60 ER	6 %
Vitamine C 22 mg	35 %
Calcium 27 mg	2 %
Fer 1,4 mg	10 %
Phosphore 380,2 mg	35 %

PRÉPARATION

Préchauffer le four à 190 °C (375 °F).

Dans une casserole, à feu doux, faire réduire le jus d'orange avec le zeste, la sauce tamari, le gingembre et l'huile de sésame pendant environ 15 minutes ou jusqu'à consistance légèrement sirupeuse.

Filtrer au tamis (réservé exclusivement aux aliments sans gluten). Badigeonner les filets de saumon à l'aide d'un pinceau (réservé exclusivement aux aliments sans gluten).

Déposer les filets de saumon sur une plaque de cuisson recouverte de papier sulfurisé. Cuire au centre du four pendant environ 8 à 10 minutes selon la cuisson désirée.

Accompagnement : servir avec du riz brun aux noisettes (voir recette p. 173) ou du quinoa, et une salade, selon le menu du jour.

ESCALOPES DE DINDE
au fenouil et au citron, salade d'herbes

4 portions • **PRÉPARATION** : 5 minutes • **CUISSON** : 20 minutes

INGRÉDIENTS

- 35 g (¼ tasse) de fécule de pommes de terre certifiée sans gluten
- 6 g (1 c. à soupe) de graines de fenouil, broyées
- 500 g (1 lb) d'escalopes de dinde, coupées en tranches minces (environ 8 tranches)
- Sel et poivre, au goût
- 15 ml (1 c. à soupe) d'huile de pépins de raisin ou d'huile d'olive
- 1 citron, coupé en deux
- 25 g (1 tasse) de jeunes pousses de roquette ou 30 g (1 tasse) d'épinards
- 60 g (1 tasse) de feuilles de persil, d'aneth, de ciboulette, ou autres herbes au choix
- 15 ml (1 c. à soupe) d'huile d'olive

PRÉPARATION

Dans un grand bol, mélanger la fécule de pommes de terre avec les graines de fenouil. Enrober les escalopes de dinde. Assaisonner au goût.

Dans une poêle, à feu moyen, faire revenir les escalopes dans l'huile de pépins de raisin pendant 2 à 3 minutes de chaque côté. Retirer les escalopes de la poêle et réserver.

Dans la même poêle, à feu vif, faire cuire les moitiés de citron, côté chair vers le bas, pendant 1 à 2 minutes ou jusqu'à caramélisation. Réserver.

Dans un bol, mélanger les jeunes pousses de roquette avec les herbes et l'huile d'olive.

Servir les escalopes avec la salade d'herbes et arroser le tout de jus de citron caramélisé.

Accompagnement : servir avec des frites de patates douces épicées (voir recette p. 176).

Valeur nutritive par portion

Teneur	% valeur quotidienne
Calories 270	
Lipides 11 g	17 %
Saturés 2 g	10%
+ trans/Trans 0 g	
Polyinsaturés 4 g	
Oméga 6 3,5 g	
Oméga 3 0,1 g	
Monoinsaturés 4 g	
Cholestérol 80 mg	27%
Sodium 150 mg	6 %
Potassium 660 mg	19 %
Glucides 13 g	4 %
Fibres 2 g	8 %
Sucres 1 g	
Protéines 29 g	
Vitamine A 207 ER	20 %
Vitamine C 35 mg	60 %
Calcium 78 mg	8 %
Fer 3,6 mg	25 %
Phosphore 284,7 mg	25 %

QUICHE AUX POMMES
sans croûte

4 portions • **PRÉPARATION** : 20 minutes • **CUISSON** : 35 minutes

INGRÉDIENTS

15 ml (1 c. à soupe) de farine de riz

230 g (2 tasses) de pommes, pelées, évidées et coupées en petits cubes

2 oignons verts, hachés

2 g (1 c. à thé) de poudre de cari

4 gros œufs

250 ml (1 tasse) de lait ou de boisson de soya enrichie non sucrée

25 g (3 c. à soupe) de mélange tout usage de farines certifiées sans gluten

Sel et poivre, au goût

180 g (1 ½ tasse) de fromage gouda partiellement écrémé, râpé

Ciboulette ciselée

Valeur nutritive par portion Teneur	% valeur quotidienne
Calories 360	
Lipides 21 g	32 %
Saturés 11 g	55%
+ trans/Trans 0 g	
Polyinsaturés 1,5 g	
Oméga 6 1,5 g	
Oméga 3 0,3 g	
Monoinsaturés 7 g	
Cholestérol 250 mg	82%
Sodium 380 mg	16 %
Potassium 270 mg	8 %
Glucides 19 g	6 %
Fibres 1 g	4 %
Sucres 8 g	
Protéines 23 g	
Vitamine A 185 ER	20 %
Vitamine C 2 mg	4 %
Calcium 477 mg	45 %
Fer 1,9 mg	15 %
Phosphore 404,9 mg	35 %

PRÉPARATION

Préchauffer le four à 200 °C (400 °F).

Bien huiler un moule à tarte de 23 cm (9 po) de diamètre et fariner avec la farine de riz. Secouer pour enlever l'excédent.

Dans une poêle, attendrir les cubes de pomme et les oignons verts avec le cari dans un peu d'huile. Réserver.

Dans un bol, à l'aide d'un fouet, faire mousser les œufs avec le lait. Ajouter la farine en remuant constamment pour éviter la formation de grumeaux. Assaisonner.

Disposer la moitié des pommes dans le moule à tarte en cercles concentriques puis recouvrir avec la moitié du fromage râpé. Répéter l'opération avec le reste des pommes et du fromage. Verser l'appareil aux œufs. Cuire pendant 30 à 35 minutes au centre du four ou jusqu'à ce que le dessus soit doré et le centre cuit.

Laisser reposer 5 minutes avant de découper. Parsemer de ciboulette.

Accompagnement : servir avec une salade (laitue, tomates cerises rouges, copeaux de parmesan, cœurs de palmier) ou du quinoa et des tomates cerises, selon le menu du jour.

CONSEIL PRATIQUE

Vous pouvez utiliser la recette de farine tout usage sans gluten de la p. 169.

Valeur nutritive par portion

Teneur	% valeur quotidienne
Calories 440	
Lipides 17 g	26 %
Saturés 7 g	37%
+ trans/Trans 0,4 g	
Polyinsaturés 2 g	
Oméga 6 1,5 g	
Oméga 3 0,4 g	
Monoinsaturés 5 g	
Cholestérol 25 mg	8%
Sodium 380 mg	16 %
Potassium 870 mg	25 %
Glucides 49 g	16 %
Fibres 9 g	36 %
Sucres 10 g	
Protéines 23 g	
Vitamine A 106 ER	10 %
Vitamine C 37 mg	60 %
Calcium 514 mg	45 %
Fer 3,4 mg	25 %
Phosphore 298,5 mg	25 %

PIZZA végétarienne

4 portions • **PRÉPARATION** : 25 minutes • **CUISSON** : 1 heure 10 minutes

PRÉPARATION

Sauce : Dans une casserole, à feu moyen, faire revenir l'oignon haché et l'ail dans 15 ml (1 c. à soupe) d'huile d'olive pendant 5 minutes. Ajouter les assaisonnements, les tomates et les feuilles de basilic.

Remuer et laisser mijoter à feu doux, à découvert, pendant 45 minutes. Retirer les feuilles de basilic, puis ajouter 15 ml (1 c. à soupe) d'huile d'olive. Laisser tiédir.

Pâte : Préchauffer le four à 200 °C (400 °F). Dans un bol, mesurer et tamiser les farines et la fécule, ajouter la gomme de xanthane, la levure à action rapide, le sucre et la levure chimique. Réserver.

Dans un autre bol, mélanger l'eau tiède, l'huile et le sel. Incorporer les ingrédients secs. Battre au batteur électrique pendant 4 minutes à vitesse moyenne. Étaler la pâte en une couche mince sur une plaque à pizza de 30 cm (12 po) généreusement huilée et recouverte d'un papier sulfurisé huilé jusqu'à environ 1 cm (½ po) du bord. Laisser lever la pâte pendant 25 minutes dans un endroit chaud à l'abri des courants d'air. Cuire pendant 13 à 15 minutes.

Pizza : Préchauffer le four à 220 °C (425 °F). Badigeonner la pâte cuite d'un soupçon d'huile. Étendre 250 ml (1 tasse) de sauce tomate. Couvrir de légumes émincés. Répartir la mozzarella sur la pizza. Cuire au four pendant 10 minutes ou jusqu'à ce que le fromage soit fondu et doré.

SAUCE

- 1 oignon moyen, finement haché
- 1 ou 2 gousses d'ail, hachées
- 30 ml (2 c. à soupe) d'huile d'olive
- 2 g (1 c. à thé) de basilic séché
- 2 g (1 c. à thé) d'origan séché
- Poivre, au goût
- 1 boîte de 796 ml (28 oz) de tomates en dés
- Feuilles de basilic frais (facultatif)

PÂTE

- 80 g (½ tasse) de farine de riz brun
- 80 g (½ tasse) de farine de lentilles
- 70 g (½ tasse) de fécule de tapioca
- 4,5 g (1 ½ c. à thé) de gomme de xanthane
- 5 g (1 ½ c. à thé) de levure à action rapide
- 5 g (1 c. à thé) de sucre
- 2 g (½ c. à thé) de levure chimique
- 180 ml (¾ tasse) d'eau tiède (entre 35 ° et 40 °C/95 ° et 105 °F)
- 15 ml (1 c. à soupe) d'huile d'olive
- 2 g (½ c. à thé) de sel

GARNITURE

- Légumes émincés, au goût
- 200 g (1 2/3 tasse) de fromage mozzarella râpé, partiellement écrémé

MIJOTÉ DE BŒUF aux légumes d'automne

6 portions • **PRÉPARATION** : 15 minutes • **CUISSON** : 2 heures 30 minutes

INGRÉDIENTS

- 600 g (1 lb 5 oz) de bœuf maigre, dégraissé et coupé en cubes
- 25 g (3 c. à soupe) de fécule de pommes de terre
- 15 ml (1 c. à soupe) d'huile d'olive
- 125 ml (½ tasse) de vin rouge (facultatif)
- 1 oignon blanc, coupé en huit
- 4 gousses d'ail
- 2 panais, coupés en quatre sur la longueur
- 4 carottes, coupées en deux sur la longueur
- 1 navet, coupé en huit
- 750 ml (3 tasses) de fond de bœuf sans sodium et sans gluten
- 1 bouquet garni (1 feuille de laurier, 1 branche de thym frais et quelques brins de persil plat)
- Sel et poivre, au goût

PRÉPARATION

Préchauffer le four à 150 °C (300 °F).

Dans un bol, enrober les cubes de bœuf de fécule de pommes de terre.

Dans une casserole ou une cocotte allant au four, à feu moyen, saisir les cubes de bœuf dans l'huile d'olive pendant 3 à 4 minutes.

Déglacer la casserole avec le vin rouge. Ajouter tous les autres ingrédients, assaisonner et bien mélanger. Cuire au centre du four pendant 2 heures 15 minutes à 2 heures 30 minutes ou jusqu'à ce que la viande se défasse à la fourchette.

Accompagnement : servir avec du brocoli.

Valeur nutritive par portion

Teneur	% valeur quotidienne
Calories 290	
Lipides 8 g	12 %
Saturés 2,5 g + trans/Trans 0 g	13%
Polyinsaturés 0,5 g	
Oméga 6 0,5 g	
Oméga 3 0,5 g	
Monoinsaturés 4 g	
Cholestérol 45 mg	15%
Sodium 170 mg	7 %
Potassium 1060 mg	30 %
Glucides 27 g	9 %
Fibres 4 g	16 %
Sucres 7 g	
Protéines 28 g	
Vitamine A 1875 ER	190 %
Vitamine C 24 mg	40 %
Calcium 83 mg	8 %
Fer 2,7 mg	20 %
Phosphore 310,5 mg	30 %

FILET DE PORC À LA TOMATE
et au vinaigre balsamique

4 portions • **PRÉPARATION** : 20 minutes • **CUISSON** : 25 minutes

PRÉPARATION

Préchauffer le four à 180 °C (350 °F).

Dans une casserole, à feu moyen-doux, faire mijoter le coulis de tomate avec le vinaigre, l'ail, les graines de fenouil et le paprika pendant environ 10 minutes en remuant de temps à autre.

Entre-temps, dans une poêle, à feu vif, saisir le filet de porc dans l'huile d'olive pendant 1 à 2 minutes de chaque côté (les 4 côtés). Assaisonner au goût.

Déposer le filet de porc sur une plaque de cuisson recouverte de papier sulfurisé. À l'aide d'un pinceau (réservé à la cuisine sans gluten), badigeonner le filet avec la préparation de tomate (le reste peut servir de sauce d'accompagnement). Cuire au centre du four pendant environ 10 à 12 minutes.

Laisser reposer 5 minutes avant de découper le filet.

Accompagnement : servir avec du riz brun et du chou-fleur ou avec des frites de patates douces épicées (voir recette p. 176) et de la roquette, selon le menu du jour.

INGRÉDIENTS

- 250 ml (1 tasse) de coulis de tomate ou de sauce tomate maison
- 60 ml (¼ tasse) de vinaigre balsamique
- 2 gousses d'ail, hachées
- 6 g (1 c. à soupe) de graines de fenouil
- 4 g (2 c. à thé) de paprika certifié sans gluten
- 1 filet de porc d'environ 500 g (1 lb), dégraissé
- 15 ml (1 c. à soupe) d'huile d'olive
- Sel et poivre, au goût

Valeur nutritive par portion

Teneur	**% valeur quotidienne**
Calories 240	
Lipides 8 g	12 %
Saturés 1,5 g + trans/Trans 0 g	8 %
Polyinsaturés 1 g	
Oméga 6 0,5 g	
Oméga 3 0,1 g	
Monoinsaturés 4 g	
Cholestérol 65 mg	22 %
Sodium 250 mg	11 %
Potassium 510 mg	15 %
Glucides 12 g	4 %
Fibres 2 g	8 %
Sucres 5 g	
Protéines 29 g	
Vitamine A 164 ER	15 %
Vitamine C 8 mg	15 %
Calcium 64 mg	6 %
Fer 2,7 mg	20 %
Phosphore 285,9 mg	25 %

PAUPIETTES DE POULET
aux dattes et au cheddar

4 portions • **PRÉPARATION** : 20 minutes • **CUISSON** : 20 minutes

INGRÉDIENTS

2 poitrines de poulet d'environ 250 g (9 oz) chacune, désossées et sans peau

45 g (¼ tasse) de dattes dénoyautées, coupées en dés

30 g (¼ tasse) de cheddar fort sans lactose, coupé en dés

1 gousse d'ail, hachée finement (facultatif)

4 g (2 c. à thé) de brins de thym frais ou 2 g (1 c. à thé) de thym séché certifié sans gluten

Sel et poivre, au goût

15 ml (1 c. à soupe) d'huile d'olive

Valeur nutritive par portion	
Teneur	**% valeur quotidienne**
Calories 300	
Lipides 15 g	23 %
Saturés 5 g + trans/Trans 0,2 g	26%
Polyinsaturés 2 g	
Oméga 6 1,5 g	
Oméga 3 0,2 g	
Monoinsaturés 6 g	
Cholestérol 90 mg	30%
Sodium 210 mg	9 %
Potassium 340 mg	10 %
Glucides 11 g	4 %
Fibres 1 g	4 %
Sucres 7 g	
Protéines 29 g	
Vitamine A 54 ER	6 %
Vitamine C 2 mg	4 %
Calcium 137 mg	10 %
Fer 1,6 mg	10 %
Phosphore 285,4 mg	25 %

PRÉPARATION

Préchauffer le four à 180 °C (350 °F).

Sur un plan de travail, ouvrir les poitrines de poulet en papillon et les aplatir avec les mains. Farcir les poitrines avec les dattes, le cheddar, l'ail et le thym. Enrouler serré et ficeler avec de la corde de boucherie. Assaisonner au goût.

Dans une poêle, à feu moyen, faire revenir les paupiettes de poulet dans l'huile pendant 2 minutes de chaque côté (sur les 4 côtés).

Déposer les paupiettes sur une plaque de cuisson recouverte de papier sulfurisé et cuire au centre du four pendant 8 minutes.

Laisser reposer quelques minutes pour permettre aux sucs de se répartir avant d'enlever la corde et de trancher les paupiettes en deux.

Accompagnement : servir avec du riz brun aux noisettes (voir recette p. 173) ou du quinoa, selon le menu du jour, et avec de la verdure.

POISSON à la grecque

4 portions • **PRÉPARATION** : 10 minutes • **CUISSON** : 20 minutes

INGRÉDIENTS

500 g (1 lb) de poisson à chair blanche (morue fraîche, flétan, sole, tilapia)

Sel et poivre, au goût

3 gousses d'ail, hachées

6 g (1 c. à soupe) de graines de fenouil

5 g (1 c. à soupe) d'origan séché certifié sans gluten

0,5 g (1 c. à thé) de flocons de piment (facultatif)

160 g (1 tasse) de tomates cerises, coupées en deux

Le zeste et le jus de ½ citron

125 ml (½ tasse) de vin blanc sec ou de bouillon certifié sans gluten ou un mélange des deux

15 ml (1 c. à soupe) d'huile d'olive extra vierge (facultatif)

PRÉPARATION

Préchauffer le four à 180 °C (350 °F).

Déposer le poisson dans un plat ou une cocotte allant au four. Assaisonner au goût.

Garnir le poisson d'ail, de graines de fenouil, d'origan, de flocons de piment, de tomates et de zeste de citron. Arroser de vin blanc et de jus de citron.

Cuire à couvert au centre du four pendant environ 10 minutes. Découvrir et poursuivre la cuisson pendant 6 à 8 minutes.

Pour le service, déposer le poisson et les garnitures dans les assiettes et arroser d'un filet d'huile d'olive.

Accompagnement : servir avec une salade, selon le menu du jour.

Valeur nutritive par portion

Teneur	**% valeur quotidienne**
Calories 170	
Lipides 5 g	8 %
Saturés 1 g	5 %
+ trans/Trans 0 g	
Polyinsaturés 1 g	
Oméga 6 0,5 g	
Oméga 3 0,4 g	
Monoinsaturés 3 g	
Cholestérol 55 mg	18 %
Sodium 140 mg	6 %
Potassium 650 mg	19 %
Glucides 9 g	3 %
Fibres 2 g	8 %
Sucres 2 g	
Protéines 23 g	
Vitamine A 57 ER	6 %
Vitamine C 14 mg	25 %
Calcium 96 mg	8 %
Fer 1,8 mg	15 %
Phosphore 260,1 mg	25 %

MÉDAILLONS DE PORC
aux pommes et aux noix

4 portions • **PRÉPARATION** : 15 minutes • **MARINADE** : 1 heure • **CUISSON** : 10 minutes

INGRÉDIENTS

- 4 médaillons de porc (longe ou filet) d'environ 100 g (3 ½ oz) chacun
- Sel et poivre du moulin, au goût
- 2 pommes, épépinées et coupées en huit
- 1 gousse d'ail, hachée
- 60 ml (¼ tasse) de vin blanc (facultatif)
- 60 ml (¼ tasse) de bouillon de poulet certifié sans gluten
- 25 g (¼ tasse) de noix de Grenoble
- 5 g (1 c. à soupe) de persil frais haché

MARINADE

- 10 ml (2 c. à thé) d'huile végétale
- 5 ml (1 c. à thé) de vinaigre de cidre de pomme
- 15 ml (1 c. à soupe) de sirop d'érable
- 30 g (2 c. à soupe) de moutarde à l'ancienne
- 2 g (1 c. à thé) de thym séché certifié sans gluten
- ½ gousse d'ail, hachée finement

PRÉPARATION

Dans un bol, mélanger tous les ingrédients de la marinade. Ajouter les médaillons de porc et laisser mariner au réfrigérateur pendant 1 heure. Égoutter et assaisonner au goût. Jeter la vinaigrette.

Dans une poêle, à feu moyen, saisir les médaillons de porc dans un filet d'huile pendant 2 à 3 minutes de chaque côté. Retirer les médaillons de la poêle.

Dans la même poêle, faire revenir les pommes et l'ail pendant 1 minute. Déglacer avec le vin blanc, ajouter le bouillon de poulet et poursuivre la cuisson pendant 2 minutes. Remettre les médaillons de porc dans la poêle et ajouter les noix. Poursuivre la cuisson pendant 2 à 3 minutes. Parsemer de persil et servir.

Accompagnement : servir avec du riz brun, du brocoli et du chou-fleur.

Valeur nutritive par portion

Teneur	**% valeur quotidienne**
Calories 320	
Lipides 20 g	31 %
Saturés 5 g	26 %
+ trans/Trans 0,1 g	
Polyinsaturés 4,5 g	
Oméga 6 4 g	
Oméga 3 1 g	
Monoinsaturés 8 g	
Cholestérol 95 mg	32 %
Sodium 170 mg	7 %
Potassium 440 mg	13 %
Glucides 6 g	2 %
Fibres 1 g	4 %
Sucres 4 g	
Protéines 28 g	
Vitamine A 6 ER	0 %
Vitamine C 2 mg	4 %
Calcium 31 mg	2 %
Fer 1,9 mg	15 %
Phosphore 272,5 mg	25 %

POIVRONS FARCIS
au thon et au quinoa

4 portions • **PRÉPARATION** : 25 minutes • **CUISSON** : 25 minutes

INGRÉDIENTS

- 4 poivrons
- 250 ml (1 tasse) d'eau
- 180 g (1 tasse) de quinoa cru
- 3 échalotes françaises, hachées
- 160 g (1 tasse) de petits pois surgelés
- 2 boîtes de 170 g (6 oz) de thon en conserve, égoutté

PRÉPARATION

Placer la grille au centre du four. Préchauffer le four à 180 °C (350 °F).

Couper le chapeau des poivrons et les évider. Réserver.

Dans une casserole, porter l'eau à ébullition et éteindre le feu. Verser le quinoa en pluie, couvrir et laisser reposer pendant 15 minutes.

Égoutter le quinoa et le remettre dans la casserole. Ajouter les échalotes, les petits pois et le thon. Bien mélanger.

Farcir les poivrons avec la préparation de thon. Emballer tous les poivrons dans une feuille d'aluminium et cuire au centre du four pendant environ 20 minutes.

Accompagnement : servir avec une salade de carottes râpées et de raisins secs assaisonnée de jus de citron et d'huile de canola.

INFO SANS GLUTEN

Le quinoa est une pseudo-céréale plus riche en protéines que le riz.

Valeur nutritive par portion

Teneur	**% valeur quotidienne**
Calories 300	
Lipides 5 g	8 %
Saturés 1 g	5 %
+ trans/Trans 0 g	
Polyinsaturés 2 g	
Oméga 6 1 g	
Oméga 3 0,5 g	
Monoinsaturés 1 g	
Cholestérol 25 mg	8 %
Sodium 280 mg	12 %
Potassium 690 mg	20 %
Glucides 41 g	14 %
Fibres 6 g	24 %
Sucres 6 g	
Protéines 23 g	
Vitamine A 314 ER	30 %
Vitamine C 147 mg	250 %
Calcium 50 mg	4 %
Fer 5,6 mg	40 %
Phosphore 366,2 mg	35 %

SAUMON
à la salsa de pêches

4 portions • **PRÉPARATION** : 20 minutes • **CUISSON** : 10 minutes

INGRÉDIENTS

4 pavés de filet de saumon d'environ 125 g (4 oz) chacun

Sel et poivre du moulin, au goût

SALSA

1 grosse pêche mûre (ou 2 petites), dénoyautée et coupée en dés

¼ piment jalapeno, haché finement et épépiné si désiré

¼ poivron rouge, épépiné et détaillé en brunoise

1 gousse d'ail, hachée finement

1 oignon vert, ciselé

1 g (½ c. à thé) de gingembre frais

4 g (2 c. à thé) de menthe fraîche hachée

15 ml (1 c. à soupe) de vinaigre de riz

Le jus et le zeste de 1 lime

PRÉPARATION

Dans un bol, mélanger tous les ingrédients de la salsa. Réserver au réfrigérateur.

Assaisonner les pavés de saumon au goût. Dans une poêle, à feu moyen, saisir les pavés, dans un filet d'huile d'olive côté chair vers le bas pendant environ 6 minutes.

Retourner les pavés, éteindre le feu et laisser reposer pendant 2 à 3 minutes.

Accompagnement : servir le saumon et la salsa avec du riz brun aux noisettes (voir recette p. 173) et du brocoli.

INFO GLUTEN

Le saumon est particulièrement riche en oméga-3 et constitue une source importante de minéraux et de vitamines (notamment la vitamine D). (Voir Les risques de carences nutritionnelles, page 43.)

Valeur nutritive par portion

Teneur	**% valeur quotidienne**
Calories 310	
Lipides 14 g	22 %
Saturés 2,5 g + trans/Trans 0 g	13%
Polyinsaturés 3 g	
Oméga 6 0,2 g	
Oméga 3 2 g	
Monoinsaturés 7 g	
Cholestérol 110 mg	37%
Sodium 85 mg	4 %
Potassium 590 mg	17 %
Glucides 10 g	3 %
Fibres 1 g	4 %
Sucres 6 g	
Protéines 35 g	
Vitamine A 96 ER	10 %
Vitamine C 10 mg	15 %
Calcium 31 mg	2 %
Fer 1 mg	8 %
Phosphore 365,6 mg	35 %

MÉLANGE DE FARINES
pour pain nutritif sans gluten

4 portions de 130 g (1 tasse) • **PRÉPARATION** : 10 minutes

INGRÉDIENTS

130 g (1 tasse) de farine de riz brun sans gluten

110 g (1 tasse) de farine de millet sans gluten

120 g (2/3 tasse) de farine de lentilles sans gluten

190 g (1 1/3 tasse) de fécule de tapioca sans gluten

12 g (4 c. à thé) de gomme de xanthane

PRÉPARATION

Bien mélanger tous les ingrédients et tamiser deux fois pour bien mélanger le tout.

CONSEILS PRATIQUES

- Voir Comment cuisiner sans gluten, page 52.
- Conserver dans un contenant hermétique.
- Ce mélange peut être utilisé pour faire des pains, de la pizza ou de la pâte à tarte.

Valeur nutritive par portion

Teneur	**% valeur quotidienne**
Calories 320	
Lipides 2 g	3 %
Saturés 0,4 g	2 %
+ trans/Trans 0 g	
Polyinsaturés 0,4 g	
Oméga 6 0,4 g	
Oméga 3 0 g	
Monoinsaturés 0,4 g	
Cholestérol 0 mg	0 %
Sodium 5 mg	0 %
Potassium 350 mg	10 %
Glucides 63 g	21 %
Fibres 9 g	36 %
Sucres 2 g	
Protéines 13 g	
Vitamine A 3 ER	0 %
Vitamine C 2 mg	2 %
Calcium 76 mg	6 %
Fer 4,8 mg	35 %
Phosphore 236,9 mg	20 %

MÉLANGE TOUT USAGE
de farines sans gluten

4 portions de 130 g (1 tasse) • **PRÉPARATION** : 10 minutes

INGRÉDIENTS

130 g (1 tasse) de farine de riz brun sans gluten

110 g (1 tasse) de farine de millet sans gluten

120 g (2/3 tasse) de farine de lentilles sans gluten

190 g (1 1/3 tasse) de fécule de tapioca sans gluten

6 g (2 c. thé) de gomme de xanthane

PRÉPARATION

Bien mélanger tous les ingrédients et tamiser deux fois pour bien mélanger le tout.

CONSEILS PRATIQUES

- Voir Comment cuisiner sans gluten, page 52.
- Conserver ce mélange de farines dans un contenant hermétique.
- Ce mélange peut être utilisé en remplacement de la farine ordinaire dans vos recettes préférées de muffins, gâteaux et biscuits. Toutefois, il ne contient pas suffisamment de gomme de xanthane pour confectionner une pâte à tarte, un pain ou une pâte à pizza.

Valeur nutritive par portion

Teneur	**% valeur quotidienne**
Calories 330	
Lipides 2 g	3 %
Saturés 0,4 g	2%
+ trans/Trans 0 g	
Polyinsaturés 0,5 g	
Oméga 6 0,4 g	
Oméga 3 0 g	
Monoinsaturés 0,4 g	
Cholestérol 0 mg	0%
Sodium 5 mg	0 %
Potassium 370 mg	10 %
Glucides 64 g	21 %
Fibres 8 g	32 %
Sucres 2 g	
Protéines 14 g	
Vitamine A 3 ER	0 %
Vitamine C 2 mg	4 %
Calcium 79 mg	8 %
Fer 5 mg	35 %
Phosphore 246 mg	20 %

PAIN NUTRITIF
sans gluten

14 tranches • **PRÉPARATION** : 15 minutes • **REPOS** : 40 minutes • **CUISSON** : 40 minutes

INGRÉDIENTS

- 285 g (2 ¼ tasses) de mélange de farines pour pain nutritif sans gluten (voir recette p. 168)
- 8 g (2 ¼ c. à thé) de levure à action rapide
- 15 g (2 c. à soupe) de cassonade
- 3 gros œufs
- 5 g (1 c. à thé) de sel
- 30 ml (2 c. à soupe) d'huile d'olive
- 240 g (1 tasse) de boisson de soya enrichie ou de lait 2 % M.G., chauffé entre 35° et 40 °C (95° et 105 °F)
- 5 ml (1 c. à thé) de vinaigre de riz ou de vinaigre de cidre

Valeur nutritive par portion Teneur	% valeur quotidienne
Calories 120	
Lipides 4 g	6 %
Saturés 0,5 g	3%
+ trans/Trans 0 g	
Polyinsaturés 0,5 g	
Oméga 6 0,5 g	
Oméga 3 0,1 g	
Monoinsaturés 2 g	
Cholestérol 40 mg	13%
Sodium 200 mg	8 %
Potassium 100 mg	3 %
Glucides 17 g	6 %
Fibres 2 g	8 %
Sucres 2 g	
Protéines 4 g	
Vitamine A 22 ER	2 %
Vitamine C 0 mg	0 %
Calcium 49 mg	4 %
Fer 1,2 mg	8 %
Phosphore 65,5 mg	6 %

PRÉPARATION

Préchauffer le four à 160 °C (325 °F). Huiler un moule à pain de 23 x 12 cm (9 x 5 po). Réserver.

Dans un bol, mesurer et tamiser la farine, puis mesurer de nouveau. Ajouter la levure et la cassonade. Réserver.

Dans un petit bol, avec un batteur électrique, battre légèrement les œufs avec le sel puis ajouter l'huile, la boisson de soya et le vinaigre.

Incorporer les ingrédients secs. Battre la pâte avec le batteur électrique pendant 4 minutes à vitesse moyenne. À l'aide d'une spatule, racler les parois du bol.

Transvider la pâte dans le moule à pain en l'étalant légèrement pour couvrir complètement la surface. Laisser lever la pâte dans un endroit chaud à l'abri des courants d'air pendant 35 à 40 minutes ou jusqu'à ce que la pâte ait doublé de volume et soit à la hauteur du rebord du moule.

Cuire pendant 40 minutes ou jusqu'à ce qu'un cure-dent inséré au centre du pain en ressorte propre. Déposer le moule sur un treillis et laisser reposer 15 minutes avant de démouler.

Attendre au moins 1 heure avant de découper en tranches.

RIZ BRUN aux noisettes

4 portions • **PRÉPARATION** : 5 minutes • **CUISSON** : 20 minutes

PRÉPARATION

Préchauffer le four à 180 °C (350 °F).

Faire cuire le riz dans le bouillon et l'eau selon les indications inscrites sur l'emballage.

Entre-temps, déposer les noisettes sur une plaque de cuisson recouverte de papier sulfurisé. Les faire griller au centre du four pendant 7 à 8 minutes, puis les concasser sur un plan de travail.

Mélanger tous les ingrédients, sauf le riz. Ajouter le riz cuit, assaisonner et bien mélanger.

CONSEIL PRATIQUE

Si vous n'avez pas de bouillon de volaille sans gluten, remplacez-le par la même quantité d'eau. Vous utiliserez donc 750 ml (3 tasses) d'eau au total dans la recette.

INGRÉDIENTS

- 200 g (1 tasse) de riz brun (idéalement de Camargue)
- 375 ml (1 ½ tasse) de bouillon de poulet sans gluten
- 375 ml (1 ½ tasse) d'eau
- 70 g (½ tasse) de noisettes
- 10 ml (2 c. à thé) de sirop d'érable (facultatif)
- 4 g (2 c. à thé) d'huile de noix
- 5 g (2 c. à thé) de brins de thym frais
- 15 ml (1 c. à soupe) de persil frais haché (facultatif)
- Sel et poivre du moulin, au goût

Valeur nutritive par portion

Teneur	% valeur quotidienne
Calories 310	
Lipides 13 g	20 %
Saturés 1 g + trans/Trans 0 g	5%
Polyinsaturés 2,5 g	
Oméga 6 2 g	
Oméga 3 0,3 g	
Monoinsaturés 8 g	
Cholestérol 0 mg	0%
Sodium 45 mg	2 %
Potassium 150 mg	4 %
Glucides 42 g	14 %
Fibres 5 g	20 %
Sucres 4 g	
Protéines 7 g	
Vitamine A 11 ER	2 %
Vitamine C 2 mg	4 %
Calcium 42 mg	4 %
Fer 2 mg	15 %
Phosphore 50,6 mg	4 %

PAIN PLAT aux lentilles

12 portions • **PRÉPARATION** : 15 minutes • **REPOS** : 10 minutes • **CUISSON** : 30 minutes

INGRÉDIENTS

- 80 g (¾ tasse) de farine de lentilles sans gluten
- 75 g (¾ tasse) de farine de sorgho sans gluten
- 105 g (¾ tasse) de fécule de tapioca sans gluten
- 2 g (1 c. à thé) de sarriette séchée certifiée sans gluten (facultatif)
- 1 g (½ c. à thé) de thym séché certifié sans gluten (facultatif)
- 2 g (½ c. à thé) de sel
- 5 g (1 c. à thé) de poudre à pâte certifiée sans gluten
- 375 ml (1 ½ tasse) d'eau froide
- 30 ml (2 c. à soupe) d'huile d'olive

Valeur nutritive par portion	
Teneur	**% valeur quotidienne**
Calories 90	
Lipides 2,5 g	4 %
Saturés 0,3 g + trans/Trans 0 g	2%
Polyinsaturés 0,3 g	
Oméga 6 0,3 g	
Oméga 3 0 g	
Monoinsaturés 1,5 g	
Cholestérol 0 mg	0%
Sodium 120 mg	5 %
Potassium 85 mg	2 %
Glucides 15 g	5 %
Fibres 1 g	4 %
Sucres 1 g	
Protéines 3 g	
Vitamine A 1 ER	0 %
Vitamine C 1 mg	0 %
Calcium 33 mg	2 %
Fer 1,1 mg	8 %
Phosphore 57,5 mg	6 %

PRÉPARATION

Préchauffer le four à 180 °C (350 °F).

Tamiser chacune des farines, puis mesurer de nouveau.

Dans un bol, à l'aide d'un fouet, mélanger tous les ingrédients, sauf l'huile d'olive.

Laisser reposer à température ambiante pendant environ 10 minutes.

À l'aide d'un pinceau (réservé à la cuisine sans gluten), badigeonner d'huile une plaque à pâtisserie de 30 x 45 cm (12 x 18 po) recouverte de papier sulfurisé (facultatif).

Étaler la préparation sur la plaque et cuire au centre du four pendant 25 à 30 minutes.

Laisser refroidir avant de déposer sur un plan de travail. Découper et servir.

Accompagnement : servir en complément d'un repas ou avec de la compote de légumes rôtis (voir recette p. 190), en entrée ou en collation.

FRITES de patates douces épicées

4 portions • **PRÉPARATION** : 10 minutes • **CUISSON** : 20 minutes

INGRÉDIENTS

4 g (2 c. à thé) de poudre de cari certifiée sans gluten

1 g (½ c. à thé) d'assaisonnement au chili certifié sans gluten (facultatif)

15 ml (1 c. à soupe) d'huile de coco extra vierge ou autre

1 ou 2 patates douces, pelées et coupées en bâtonnets

Sel et poivre du moulin, au goût

PRÉPARATION

Préchauffer le four à 200 °C (400 °F).

Dans un bol, mélanger la poudre de cari, l'assaisonnement au chili et l'huile de coco (mettre préalablement le pot dans un bol d'eau chaude pour la liquéfier).

Enrober les bâtonnets de patates douces d'huile aromatisée. Assaisonner au goût.

Déposer les bâtonnets sur une plaque à pâtisserie recouverte de papier sulfurisé.

Cuire au centre du four pendant 14 à 18 minutes, selon la cuisson désirée, en les retournant une fois à la mi-cuisson.

Valeur nutritive par portion

Teneur	**% valeur quotidienne**
Calories 120	
Lipides 4 g	6 %
Saturés 3 g + trans/Trans 0 g	15%
Polyinsaturés 0,2 g	
Oméga 6 0,2 g	
Oméga 3 0 g	
Monoinsaturés 0,3 g	
Cholestérol 0 mg	0%
Sodium 35 mg	2 %
Potassium 450 mg	13 %
Glucides 19 g	6 %
Fibres 3 g	12 %
Sucres 8 g	
Protéines 2 g	
Vitamine A 1740 ER	170 %
Vitamine C 18 mg	30 %
Calcium 40 mg	4 %
Fer 1 mg	6 %
Phosphore 53,1 mg	4 %

CROQUETTES DE LENTILLES
au cari

4 portions • **PRÉPARATION** : 15 minutes • **CUISSON** : 10 minutes

INGRÉDIENTS

- 1 boîte de 540 ml (19 oz) de lentilles, rincées et égouttées
- 1 gousse d'ail, hachée
- 6 g (1 c. à soupe) de poudre de cari certifiée sans gluten
- 2 g (1 c. à thé) de curcuma certifié sans gluten (facultatif)
- 15 g (2 c. à soupe) de fécule de pommes de terre
- Sel et poivre du moulin, au goût
- 15 ml (1 c. à soupe) d'huile de coco extra vierge ou autre

PRÉPARATION

Répartir également la quantité de lentilles dans deux bols.

Mélanger le contenu d'un bol de lentilles avec les autres ingrédients (sauf l'huile).

Écraser les lentilles contenues dans l'autre bol à l'aide d'une fourchette. Incorporer au contenu du bol précédent et façonner quatre croquettes avec les mains.

Dans une poêle à revêtement antiadhésif, à feu moyen, cuire les croquettes dans l'huile pendant 1 à 2 minutes de chaque côté.

Accompagnement : servir avec une salade (laitue, tomates cerises, oignon vert, artichaut) ou un taboulé de millet et de haricots à la menthe (voir recette p. 128), selon le menu du jour.

Valeur nutritive par portion

Teneur	**% valeur quotidienne**
Calories 190	
Lipides 4 g	6 %
Saturés 3 g	15%
+ trans/Trans 0 g	
Polyinsaturés 0,3 g	
Oméga 6 0,3 g	
Oméga 3 0,1 g	
Monoinsaturés 0,4 g	
Cholestérol 0 mg	0%
Sodium 5 mg	0 %
Potassium 500 mg	14 %
Glucides 29 g	10 %
Fibres 5 g	20 %
Sucres 2 g	
Protéines 10 g	
Vitamine A 2 ER	0 %
Vitamine C 4 mg	6 %
Calcium 42 mg	4 %
Fer 4,3 mg	30 %
Phosphore 212,8 mg	20 %

BARRES NUTRITIVES
sans cuisson

24 barres • **PRÉPARATION** : 15 minutes • **RÉFRIGÉRATION** : 2 heures minimum

INGRÉDIENTS

- 60 ml (¼ tasse) de sirop d'érable ou de miel
- 360 g (2 tasses) de gruau de sarrasin
- 90 g (½ tasse) de pépites de chocolat 70 % certifiées sans gluten
- 40 g (¼ tasse) de raisins secs certifiés sans gluten
- 40 g (½ tasse) de graines de tournesol certifiées sans gluten
- 15 g (2 c. à soupe) de graines de chanvre certifiées sans gluten
- 270 g (1 tasse) de beurre d'arachide ou d'amande 100 % naturel
- 105 ml (7 c. à soupe) d'eau
- 15 ml (1 c. à soupe) de lait ou de boisson végétale enrichie (amande ou soya)

PRÉPARATION

Dans un bol, mélanger le sirop d'érable, le gruau de sarrasin, la moitié des pépites de chocolat, les raisins secs, les graines de tournesol et de chanvre, le beurre d'arachide et l'eau. Verser la préparation dans un plat carré de 23 x 23 cm (9 x 9 po) et presser fermement avec les doigts.

Au four à micro-ondes, faire fondre les pépites de chocolat réservées avec le lait pendant 45 secondes à 1 minute. Étaler le chocolat fondu sur la préparation.

Réfrigérer pendant au moins 2 heures ou toute la nuit. Découper en 24 barres.

CONSEIL PRATIQUE

Vous pouvez conserver ces barres jusqu'à 5 jours au réfrigérateur.

Valeur nutritive par portion	
Teneur	**% valeur quotidienne**
Calories 160	
Lipides 9 g	14 %
Saturés 2 g	0%
+ trans/Trans 0 g	
Polyinsaturés3 g	
Oméga 6 3 g	
Oméga 3 0,1 g	
Monoinsaturés 3 g	
Cholestérol 0 mg	0%
Sodium 55 mg	2 %
Potassium 170 mg	5 %
Glucides 15 g	5 %
Fibres 2 g	8 %
Sucres 6 g	
Protéines 5 g	
Vitamine A 0 ER	0 %
Vitamine C 0 mg	0 %
Calcium 16 mg	2 %
Fer 1 mg	8 %
Phosphore 111,9 mg	10 %

EAU AUX FRAMBOISES, aux bleuets et à la menthe

2,5 l (10 tasses) • **PRÉPARATION** : 5 minutes • **RÉFRIGÉRATION** : 1 nuit

INGRÉDIENTS

- 2 l (8 tasses) d'eau
- 130 g (1 tasse) de framboises fraîches
- 150 g (1 tasse) de bleuets frais
- 8 feuilles de menthe fraîche

PRÉPARATION

Verser l'eau dans un pichet et ajouter les framboises, les bleuets et la menthe.

Réfrigérer pendant toute la nuit. Consommer dans les 24 heures.

INFO SANS GLUTEN

Dans le cadre d'une alimentation riche en fibres, recommandée lors d'un régime sans gluten, il est conseillé de boire beaucoup d'eau : au moins 1 à 1,5 l (4 à 6 verres de 250 ml) par jour, de préférence en dehors des repas.

Valeur nutritive pour 2 l (8 tasses)	
Teneur	**% valeur quotidienne**
Calories 25	
Lipides 0,2 g	0 %
Saturés 0 g	0%
+ trans/Trans 0 g	
Polyinsaturés 0,1 g	
Oméga 6 0,1 g	
Oméga 3 0 g	
Monoinsaturés 0 g	
Cholestérol 0 mg	0%
Sodium 5 mg	0 %
Potassium 40 mg	1 %
Glucides 5 g	2 %
Fibres 2 g	8 %
Sucres 3 g	
Protéines 0,3 g	
Vitamine A 3 ER	0 %
Vitamine C 6 mg	10 %
Calcium 11 mg	0 %
Fer 0,2 mg	2 %
Phosphore 7,1 mg	0 %

VERRINES DE QUINOA
aux pommes, coulis de dattes

4 portions • **PRÉPARATION** : 15 minutes • **CUISSON** : 5 minutes

PRÉPARATION

Mélanger le quinoa cuit avec la moitié de la cannelle et de la muscade.

Dans une poêle, attendrir la pomme avec le reste des épices pendant 5 minutes.

Au robot culinaire, réduire en purée les dattes avec l'eau jusqu'à l'obtention d'une texture semblable à un coulis.

Dans quatre verrines, répartir le quinoa, puis les pommes, en réservant quelques morceaux pour décorer. Recouvrir d'une couche de yogourt et terminer avec le coulis de dattes.

Décorer les verrines avec les morceaux de pomme réservés.

INGRÉDIENTS

- 115 g (¾ tasse) de quinoa cuit
- 2 g (1 c. à thé) de cannelle moulue certifiée sans gluten
- 1 g (½ c. à thé) de muscade moulue certifiée sans gluten
- 1 pomme, pelée, évidée et coupée en dés
- 95 g (½ tasse) de dattes dénoyautées, coupées en morceaux
- 30 ml (2 c. à soupe) d'eau
- 260 g (1 tasse) de yogourt grec nature 0 % M.G. (sans amidon)

Valeur nutritive
pour 2 l (8 tasses)

Teneur	% valeur quotidienne
Calories 170	
Lipides 1 g	2 %
Saturés 0,2 g	1 %
+ trans/Trans 0 g	
Polyinsaturés 0 g	
Oméga 6 0 g	
Oméga 3 0 g	
Monoinsaturés 0,1 g	
Cholestérol 1 mg	0%
Sodium 35 mg	2 %
Potassium 230 mg	7 %
Glucides 30 g	10 %
Fibres 3 g	12 %
Sucres 20 g	
Protéines 9 g	
Vitamine A 2 ER	0 %
Vitamine C 2 mg	2 %
Calcium 81 mg	8 %
Fer 0,9 mg	6 %
Phosphore 57,3 mg	6 %

GÂTEAU AU CITRON,
aux amandes et à la noix de coco

6 portions • **PRÉPARATION** : 15 minutes • **CUISSON** : 35 minutes

INGRÉDIENTS

2 gros œufs

60 ml (¼ tasse) de sirop d'érable

Le zeste et le jus de 1 citron

100 g (1 tasse) de poudre d'amande

45 g (½ tasse) de noix de coco râpée non sucrée

PRÉPARATION

Préchauffer le four à 180 °C (350 °F).

Dans un bol, à l'aide d'un fouet, faire mousser les œufs avec le sirop d'érable. Ajouter le zeste et le jus de citron et mélanger. Incorporer la poudre d'amande et la noix de coco râpée, puis mélanger.

Verser dans un plat de cuisson à revêtement antiadhésif ou huilé de 15 x 15 cm (6 x 6 po). Cuire le gâteau au centre du four pendant 30 à 35 minutes ou jusqu'à ce qu'un cure-dent inséré au centre en ressorte propre. Laisser refroidir avant de découper.

Valeur nutritive par portion

Teneur	**% valeur quotidienne**
Calories 210	
Lipides 7 g	11 %
Saturés 5 g + trans/Trans 0 g	25 %
Polyinsaturés 0,4 g	
Oméga 6 0,4 g	
Oméga 3 0 g	
Monoinsaturés 1 g	
Cholestérol 60 mg	20 %
Sodium 30 mg	1 %
Potassium 140 mg	4 %
Glucides 26 g	9 %
Fibres 1 g	4 %
Sucres 18 g	
Protéines 11 g	
Vitamine A 24 ER	2 %
Vitamine C 0 mg	0 %
Calcium 36 mg	4 %
Fer 2,8 mg	20 %
Phosphore 167,4 mg	15 %

SMOOTHIE
aux framboises

4 portions de 125 ml (½ tasse) • **PRÉPARATION** : 10 minutes

INGRÉDIENTS

- 130 g (1 tasse) de framboises fraîches ou surgelées
- 160 g (1 tasse) de raisins verts sans pépins
- 250 ml (1 tasse) de boisson de soya enrichie
- 30 g (2 c. à soupe) de beurre d'arachide ou de beurre d'amande sans gluten
- 15 g (1 c. à soupe) de miel (facultatif)
- 10 g (1 c. à soupe) de graines de sésame

PRÉPARATION

Au mélangeur, mixer tous les ingrédients jusqu'à l'obtention d'une texture lisse.

Verser dans quatre verres et servir aussitôt.

Valeur nutritive par portion

Teneur	**% valeur quotidienne**
Calories 180	
Lipides 7 g	2 %
Saturés 1 g	1 %
+ trans/Trans 0 g	
Polyinsaturés 2,5 g	
Oméga 6 2,5 g	
Oméga 3 0,2 g	
Monoinsaturés 2,5 g	
Cholestérol 0 mg	0 %
Sodium 95 mg	2 %
Potassium 310 mg	7 %
Glucides 23 g	10 %
Fibres 4 g	12 %
Sucres 14 g	
Protéines 7 g	
Vitamine A 42 ER	0 %
Vitamine C 13 mg	2 %
Calcium 138 mg	8 %
Fer 1,8 mg	6 %
Phosphore 116,1 mg	6 %

COMPOTE
de légumes rôtis

4 portions • **PRÉPARATION** : 10 minutes • **CUISSON** : 20 minutes

INGRÉDIENTS

- 4 petites courgettes, coupées en dés
- 3 poivrons, épépinés et coupés en dés
- 160 g (1 tasse) de tomates cerises, coupées en deux
- 3 gousses d'ail, hachées finement
- 4 g (2 c. à thé) de graines de fenouil
- 0,25 g (½ c. à thé) de flocons de piment certifiés sans gluten
- 2 g (1 c. à thé) d'origan séché certifié sans gluten
- 15 ml (1 c. à soupe) d'huile d'olive
- Sel et poivre du moulin, au goût

PRÉPARATION

Préchauffer le four à 180 °C (350 °F).

Dans un bol, bien mélanger tous les ingrédients.

Déposer la préparation sur une plaque de cuisson recouverte de papier sulfurisé. Cuire au centre du four pendant 16 à 18 minutes en remuant toutes les 4 minutes.

Servir chaud ou froid.

Accompagnement : servir la compote avec du pain plat aux lentilles (voir recette p. 174).

CONSEIL PRATIQUE

Vous pouvez conserver cette compote jusqu'à 5 jours au réfrigérateur.

Valeur nutritive par portion

Teneur	**% valeur quotidienne**
Calories 140	
Lipides 4,5 g	7 %
Saturés 0,5 g	3%
+ trans/Trans 0 g	
Polyinsaturés 1 g	
Oméga 6 0,5 g	
Oméga 3 0,2 g	
Monoinsaturés 2,5 g	
Cholestérol 0 mg	0%
Sodium 30 mg	1 %
Potassium 980 mg	28 %
Glucides 21 g	7 %
Fibres 5 g	20 %
Sucres 9 g	
Protéines 5 g	
Vitamine A 318 ER	30 %
Vitamine C 193 mg	320 %
Calcium 96 mg	8 %
Fer 2 mg	15 %
Phosphore 154 mg	15 %

YOGOURT CROQUANT
aux petits fruits

8 portions • **PRÉPARATION** : 20 minutes • **REPOS** : 15 minutes

INGRÉDIENTS

135 g (1 ½ tasse) d'un mélange de flocons de riz, de sarrasin et de millet certifié sans gluten

60 g (¼ tasse) de miel

520 g (2 tasses) de yogourt nature (sans amidon)

Le zeste de 1 orange

300 g (2 tasses) de petits fruits surgelés, partiellement décongelés (bleuets, mûres, framboises et fraises)

35 g (1/3 tasse) de noix de Grenoble concassées

PRÉPARATION

Dans une poêle antiadhésive, à feu moyen, faire griller le mélange de flocons à sec pendant 1 minute.

Ajouter la moitié du miel et remuer pour bien enrober les flocons. Remuer constamment jusqu'à ce qu'ils soient dorés et croustillants.

Mettre le yogourt dans un bol et mélanger avec le reste du miel et le zeste. Ajouter les petits fruits tout en remuant. Laisser reposer de 10 à 15 minutes, puis remuer une dernière fois.

Répartir le yogourt dans huit verres en faisant alterner une couche de flocons et une couche de yogourt aux fruits. Garnir avec les noix de Grenoble concassées.

Valeur nutritive par portion

Teneur	**% valeur quotidienne**
Calories 330	
Lipides 4,5 g	7 %
Saturés 0,5 g + trans/Trans 0 g	3%
Polyinsaturés 2,5 g	
Oméga 6 2 g	
Oméga 3 0,4 g	
Monoinsaturés 0,5 g	
Cholestérol 0 mg	0%
Sodium 25 mg	1 %
Potassium 140 mg	4 %
Glucides 64 g	21 %
Fibres 2 g	8 %
Sucres 10 g	
Protéines 8 g	
Vitamine A 23 ER	2 %
Vitamine C 51 mg	90 %
Calcium 83 mg	8 %
Fer 1,3 mg	10 %
Phosphore 77 mg	8 %

SMOOTHIE
énergisant

2 portions • **PRÉPARATION :** 10 minutes

INGRÉDIENTS

- 20 g (½ tasse) de bettes à carde
- ½ branche de céleri
- 1 petite banane
- 160 g (1 tasse) de fruits surgelés au choix (mangues, ananas ou autres)
- 500 ml (2 tasses) de boisson d'amande enrichie
- 15 g (2 c. à soupe) de graines de chanvre certifiées sans gluten

PRÉPARATION

Au mélangeur, mixer tous les ingrédients jusqu'à l'obtention d'une texture lisse.

Verser dans deux grands verres et servir aussitôt.

VARIANTE

Vous pouvez remplacer les bettes à carde par la même quantité de chou vert frisé (*kale*) ou d'épinards.

Valeur nutritive par portion

Teneur	**% valeur quotidienne**
Calories 220	
Lipides 8 g	12 %
Saturés 1 g + trans/Trans 0 g	5 %
Polyinsaturés 6 g	
Oméga 6 1,5 g	
Oméga 3 4,5 g	
Monoinsaturés 0,5 g	
Cholestérol 0 mg	0 %
Sodium 40 mg	2 %
Potassium 290 mg	8 %
Glucides 32 g	11 %
Fibres 15 g	60 %
Sucres 11 g	
Protéines 5 g	
Vitamine A 70 ER	8 %
Vitamine C 10 mg	15 %
Calcium 185 mg	15 %
Fer 0,7 mg	6 %
Phosphore 259,2 mg	25 %

BROWNIES
« garbanzo » au chocolat

6 portions • **PRÉPARATION** : 20 minutes • **CUISSON** : 20 minutes

INGRÉDIENTS

- 160 g (1 ½ tasse) de chocolat noir sans gluten, râpé
- 1 boîte de 540 ml (19 oz) de pois chiches, rincés et égouttés
- 4 gros œufs
- 1 pincée de sel
- 180 ml (¾ tasse) de miel ou de sirop d'érable
- 20 g (3 c. à soupe) de poudre d'amande certifiée sans gluten
- 2 g (½ c. à thé) de levure chimique certifiée sans gluten
- 2 ml (½ c. à thé) d'extrait de vanille
- 50 g (½ tasse) de pacanes ou de noix de Grenoble

PRÉPARATION

Préchauffer le four à 180 °C (350 °F).

Faire fondre le chocolat au bain-marie pendant environ 5 minutes (ou dans un four à micro-ondes en remuant toutes les 10 secondes).

Au robot culinaire, mélanger tous les autres ingrédients jusqu'à consistance lisse. Ajouter le chocolat fondu et bien mélanger.

Verser la préparation dans un plat de cuisson de 23 x 23 cm (9 x 9 po) huilé. Cuire au centre du four pendant 14 minutes ou jusqu'à ce qu'un cure-dent inséré au centre en ressorte propre.

Laisser refroidir complètement avant de découper.

Valeur nutritive par portion

Teneur	**% valeur quotidienne**
Calories 580	
Lipides 32 g	49 %
Saturés 15 g + trans/Trans 0 g	75%
Polyinsaturés 4,5 g	
Oméga 6 4 g	
Oméga 3 0,5 g	
Monoinsaturés 2,5 g	
Cholestérol 125 mg	42%
Sodium 115 mg	5 %
Potassium 320 mg	9 %
Glucides 58 g	19 %
Fibres 9 g	36 %
Sucres 28 g	
Protéines 15 g	
Vitamine A 48 ER	4 %
Vitamine C 1 mg	2 %
Calcium 135 mg	10 %
Fer 8 mg	60 %
Phosphore 175,3 mg	15 %

SMOOTHIE
aux bleuets

4 portions • **PRÉPARATION** : 10 minutes

INGRÉDIENTS

500 ml (2 tasses) de boisson de soya originale enrichie

230 g (1 ½ tasse) de bleuets surgelés ou frais

1 petite banane, coupée en tronçons

125 ml (½ tasse) de glaçons

5 ml (1 c. à thé) de sirop d'érable ou de miel (facultatif)

4 feuilles de menthe

PRÉPARATION

Au mélangeur, mixer tous les ingrédients (sauf la menthe) jusqu'à l'obtention d'une texture lisse.

Verser dans quatre verres et garnir de menthe.

Valeur nutritive par portion	
Teneur	**% valeur quotidienne**
Calories 130	
Lipides 3 g	2 %
Saturés 0,4 g + trans/Trans 0 g	1 %
Polyinsaturés 1 g	
Oméga 6 1 g	
Oméga 3 0,2 g	
Monoinsaturés 0,5 g	
Cholestérol 0 mg	0%
Sodium 75 mg	2 %
Potassium 270 mg	7 %
Glucides 20 g	10 %
Fibres 3 g	12 %
Sucres 9 g	
Protéines 6 g	
Vitamine A 56 ER	0 %
Vitamine C 3 mg	2 %
Calcium 167 mg	8 %
Fer 1,6 mg	6 %
Phosphore 832,7 mg	6 %

TARTE
à la rhubarbe

12 pointes • **PRÉPARATION** : 30 minutes • **REPOS** : 30 minutes • **CUISSON** : 25 minutes • **RÉFRIGÉRATION** : 2 heures

INGRÉDIENTS

130 g (1 ½ tasse) de chapelure de biscuits Graham sans gluten

1 pincée de cannelle moulue

60 ml (¼ tasse) de beurre fondu ou d'huile de coco extra vierge

15 g (2 c. soupe) de cassonade

1 kg (8 tasses) de rhubarbe, coupée en tronçons de 1 cm (½ po)

125 ml (½ tasse) de miel ou de sirop d'érable

60 ml (¼ tasse) de jus d'orange

35 g (¼ tasse) de fécule de tapioca

45 ml (3 c. soupe) d'eau froide

PRÉPARATION

Préchauffer le four à 180 °C (350 °F).

Dans un bol, mélanger la chapelure de biscuits Graham, la cannelle, le beurre et la cassonade.

Avec les doigts, étaler le mélange pour couvrir le fond et les côtés d'un moule à tarte à revêtement antiadhésif.

Cuire au four pendant 8 minutes. Laisser refroidir au réfrigérateur pendant 30 minutes avant d'ajouter la garniture.

Entre-temps, dans une casserole, à feu doux, cuire la rhubarbe avec le miel et le jus d'orange pendant 15 à 20 minutes ou jusqu'à l'obtention d'une compote.

Délayer la fécule de tapioca dans l'eau froide, puis verser dans la compote à légère ébullition en remuant constamment. Réserver.

Verser la compote tiède sur le fond de tarte et réfrigérer pendant au moins 2 heures.

Valeur nutritive
pour 1/12 de la recette

Teneur	**% valeur quotidienne**
Calories 140	
Lipides 0,2 g	0 %
Saturés 0,1 g	1 %
+ trans/Trans 0 g	
Polyinsaturés 0,1 g	
Oméga 6 0,1 g	
Oméga 3 0 g	
Monoinsaturés 0 g	
Cholestérol 0 mg	0 %
Sodium 5 mg	0 %
Potassium 300 mg	9 %
Glucides 33 g	11 %
Fibres 2 g	8 %
Sucres 29 g	
Protéines 1 g	
Vitamine A 10 ER	0 %
Vitamine C 8 mg	15 %
Calcium 86 mg	8 %
Fer 0,3 mg	2 %
Phosphore 16,9 mg	2 %

GÂTEAU MOELLEUX aux dattes

6 portions • **PRÉPARATION** : 20 minutes • **CUISSON** : 45 minutes

INGRÉDIENTS

- 375 g (2 tasses) de dattes dénoyautées, hachées
- 125 ml (½ tasse) d'eau froide
- 60 ml (¼ tasse) de sirop d'érable
- 5 g (1 c. à thé) de bicarbonate de soude
- 1 pincée de sel
- 2 gros œufs
- 175 g (1 ¾ tasse) de poudre d'amande
- 50 g (½ tasse) de pacanes ou de noix de Grenoble (facultatif)

PRÉPARATION

Préchauffer le four à 180°C (350°F).

Dans une casserole, à feu moyen, faire cuire les dattes avec l'eau, le sirop d'érable, le bicarbonate de soude et le sel pendant 5 à 6 minutes ou jusqu'à l'obtention d'une purée. Laisser refroidir.

Dans un petit bol, battre les œufs à l'aide d'un fouet.

Dans un grand bol, à l'aide d'une spatule, mélanger la purée de dattes avec les œufs battus. Incorporer la poudre d'amande et les noix.

Verser la préparation dans un moule à pain à revêtement antiadhésif ou huilé. Cuire le gâteau au centre du four pendant 40 minutes ou jusqu'à ce qu'un cure-dent inséré au centre en ressorte propre. Laisser refroidir avant de démouler.

VARIANTE

Vous pouvez remplacer le tiers de la poudre d'amande par de la farine de millet.

Valeur nutritive par portion

Teneur	% valeur quotidienne
Calories 330	
Lipides 9 g	14 %
Saturés 1 g + trans/Trans 0 g	5 %
Polyinsaturés 2,5 g	
Oméga 6 2 g	
Oméga 3 0,1 g	
Monoinsaturés 5 g	
Cholestérol 60 mg	20 %
Sodium 260 mg	11 %
Potassium 500 mg	14 %
Glucides 58 g	19 %
Fibres 6 g	24 %
Sucres 48 g	
Protéines 5 g	
Vitamine A 25 ER	2 %
Vitamine C 0 mg	0 %
Calcium 49 mg	4 %
Fer 1,3 mg	10 %
Phosphore 89,8 mg	8 %

MUFFINS À LA PURÉE DE POMMES
et aux raisins secs

14 muffins • **PRÉPARATION** : 15 minutes • **REPOS** : 20 minutes • **CUISSON** : 20 minutes

INGRÉDIENTS

375 g (2 ½ tasses) de mélange tout usage de farines sans gluten (voir recette p. 169)

20 g (4 c. à thé) de levure chimique

5 g (1 c. à thé) de bicarbonate de soude

80 g (½ tasse) de raisins secs

2 gros œufs

125 ml (½ tasse) de sirop d'érable

250 g (1 tasse) de purée de pommes du commerce ou maison non sucrée

60 ml (¼ tasse) d'huile de canola

PRÉPARATION

Préchauffer le four à 180 °C (350 °F). Huiler 12 moules à muffins et 2 ramequins.

Dans un bol, mesurer la farine, puis la tamiser. Mesurer de nouveau, puis tamiser avec les autres ingrédients secs. Réserver.

Dans un grand bol, à l'aide d'un batteur électrique, battre les œufs jusqu'à ce qu'ils soient mousseux. Ajouter les autres ingrédients liquides puis battre de nouveau à vitesse moyenne pendant 1 minute. Incorporer les ingrédients secs et battre à faible vitesse pendant 1 minute.

Verser la préparation dans les moules à muffins et les ramequins en les remplissant aux deux tiers. Laisser reposer à la température ambiante pendant 20 minutes.

Cuire au centre du four pendant 18 à 20 minutes ou jusqu'à ce qu'un cure-dent inséré au centre d'un muffin en ressorte propre.

Attendre 10 minutes avant de démouler.

Valeur nutritive par muffin

Teneur	% valeur quotidienne
Calories 230	
Lipides 5 g	8 %
Saturés 0,5 g + trans/Trans 0,1 g	3%
Polyinsaturés 1,5 g	
Oméga 6 1 g	
Oméga 3 0,4 g	
Monoinsaturés 2,5 g	
Cholestérol 25 mg	8%
Sodium 240 mg	10 %
Potassium 90 mg	3 %
Glucides 41 g	14 %
Fibres 2 g	8 %
Sucres 18 g	
Protéines 4 g	
Vitamine A 14 ER	2 %
Vitamine C 2 mg	2 %
Calcium 98 mg	8 %
Fer 1,6 mg	10 %
Phosphore 70,8 mg	6 %

POUDING AU MILLET
garni de fraises

4 portions • **PRÉPARATION** : 10 minutes • **CUISSON** : 25 minutes

PRÉPARATION

Dans une casserole, à feu doux, faire dorer le millet à sec pendant 4 à 5 minutes en remuant constamment.

Ajouter le lait de coco, la boisson d'amande, le miel, l'extrait de vanille, l'extrait d'amande et le sel. Poursuivre la cuisson pendant 20 minutes en remuant de temps à autre jusqu'à absorption complète du liquide.

Dans une autre casserole, cuire les fraises à feu doux pendant 10 minutes.

Verser le pouding dans quatre coupes à dessert et garnir de confiture de fraises.

INGRÉDIENTS

- 210 g (1 tasse) de millet cru
- 375 ml (1 ½ tasse) de lait de coco
- 375 ml (1 ½ tasse) de boisson d'amande ou de soya enrichie
- 30 ml (2 c. à soupe) de miel ou de sirop d'érable
- 2 ml (½ c. à thé) d'extrait de vanille
- 2 ml (½ c. à thé) d'extrait d'amande certifié sans gluten (facultatif)
- 1 pincée de sel
- 300 g (2 tasses) de fraises, coupées en quartiers

Valeur nutritive par portion

Teneur	**% valeur quotidienne**
Calories 270	
Lipides 2,5 g	4 %
Saturés 0,5 g + trans/Trans 0 g	3%
Polyinsaturés 1,5 g	
Oméga 6 1 g	
Oméga 3 0,1 g	
Monoinsaturés 0,5 g	
Cholestérol 0 mg	0%
Sodium 0 mg	6 %
Potassium 480 mg	14 %
Glucides 55 g	18 %
Fibres 7 g	28 %
Sucres 13 g	
Protéines 7 g	
Vitamine A 1 ER	0 %
Vitamine C 47 mg	80 %
Calcium 46 mg	4 %
Fer 2,3 mg	15 %
Phosphore 188,2 mg	15 %

À PROPOS des auteures

Elisabeth Cerqueira est la présidente de Nutrisimple, un réseau de plus de 20 cliniques au Québec. Elle détient un baccalauréat en nutrition de l'Université McGill. Elle est membre de l'Ordre professionnel des diététistes du Québec (OPDQ), dont elle a été administratrice.

Depuis plus de 13 ans, Elisabeth est une clinicienne passionnée qui a développé une approche simple et originale favorisant la santé à long terme. Elle apprend à ses clients à manger en promouvant la qualité nutritionnelle de leur alimentation. Elle traite les déséquilibres alimentaires causés par l'obésité, le diabète, le cholestérol, l'arthrite, le transit intestinal, la boulimie, l'anorexie, etc. Sa mission est d'être la partenaire santé de ses clients en leur offrant une saine alimentation. Sa passion motive ses clients à atteindre une vie épanouie, remplie de plaisirs, d'amour de soi, de vitalité et de santé.

De plus, trois fois maman, elle se passionne pour la cuisine avec les enfants. Pour elle, bien manger rime d'abord avec plaisir et simplicité.

À la fine pointe des recherches scientifiques, elle offre — avec son équipe de nutritionnistes — un programme nutritionnel simple. Empirique, son approche favorise une alimentation antioxydante et anti-inflammatoire. La maîtrise de son art a été reconnue par les milieux artistiques et médicaux. D'ailleurs, Elisabeth a été la nutritionniste de plusieurs célébrités, dont l'acteur britannique Gerard Butler. Elle contribue régulièrement à des congrès scientifiques, destinés aux médecins.

Ses conférences et ses livres sont recherchés du grand public. Elisabeth est également une chroniqueuse sollicitée par les médias.

nutrition@nutrisimple.com

Marise Charron est diplômée de l'Université Laval et elle exerce depuis maintenant plus de 20 ans en tant que diététiste-nutritionniste. Déjà auteure de trois livres de recettes santé et d'un journal alimentaire, elle a créé plusieurs outils professionnels (dossier patient en ligne et diverses papeteries notamment). Elle a gagné un prix de jeune entrepreneur de la Chambre de commerce et le prix du mérite annuel remis par l'Ordre professionnel des diététistes du Québec (OPDQ).

Elle a fondé le Groupe Harmonie santé pour faciliter le processus de tenue de dossier professionnel des nutritionnistes-diététistes. En 2010, elle a également cofondé, avec Elisabeth Cerqueira, NutriSimple qui regroupe aujourd'hui plus de 25 cliniques de nutritionnistes au Québec. De plus, elle a fondé ABCDélices qui offre ses services à plusieurs entreprises, écoles, restaurants et magazines afin d'analyser et de commenter les valeurs nutritives de leurs recettes et menus.

Conférencière et rédactrice, chroniqueuse à la radio et à la télévision, sa passion est d'être toujours à la recherche de nouveautés pour simplifier le travail des nutritionnistes et favoriser la santé des clients. Elle cherche constamment à développer des recettes et des menus pour que l'alimentation soit à la fois simple et adaptée, mais aussi accessible au plus grand nombre.

info@nutrisimple.com
marise@nutrisimple.com

REMERCIEMENTS

Merci à Marc Alain et à Isabelle Jodoin, du groupe Modus, de nous avoir donné l'opportunité d'écrire un autre livre dans la collection Savoir quoi manger. Merci à Nolwenn Gouezel, adjointe éditoriale, ainsi qu'à l'équipe de graphisme pour son travail de mise en page et d'infographie.

Nous remercions également André Noël, photographe, et Gabrielle Dalessandro, styliste culinaire, pour les appétissants visuels qui illustrent nos recettes.

Pour produire un livre, cela demande aussi d'être bien entouré, et ce fut le cas pour rédiger cet ouvrage pratico-pratique destiné aux personnes qui doivent manger sans gluten.

Nous tenons à remercier pour leur précieuse et indispensable collaboration et les nombreuses heures investies pour la création de ce livre : Marlène Bouillon, Ph.D. en physiologie/endocrinologie, conseillère scientifique et nutritionniste, et Nicole LeBlanc, nutritionniste bénévole depuis 15 ans à la Fondation de la maladie cœliaque. Grâce à votre aide précieuse, mesdames, ce livre sera encore plus utile et accessible à tous ceux qui veulent améliorer leur santé.

Merci au chef Michael Linnington pour la création des recettes ainsi qu'à Samuel Quach, stagiaire au bac en nutrition, qui a participé aux calculs de valeurs nutritives et nous a aidées tout au long du processus de rédaction.

La publication de ce livre n'aurait pas été possible sans l'appui de nos conjoints respectifs, Jack (conjoint d'Elisabeth) et Pierre (conjoint de Marise). Merci d'être les amours de notre vie !

Elisabeth et Marise xxx

RESSOURCES
pour les personnes cœliaques

AMÉRIQUE DU NORD

Fondation québécoise de la maladie cœliaque
www.fqmc.org

Association canadienne de la maladie cœliaque
www.celiac.ca

Page web de Mme Shelley Case, Dt.P. (en anglais seulement)
www.glutenfreediet.ca

Santé Canada
www.hc-sc.gc.ca

National Foundation for Celiac Awareness (en anglais seulement)
www.celiaccentral.org

Gluten Free Drugs (en anglais seulement)
www.glutenfreedrugs.com

Passeport Santé
www.passeportsante.net

Extenso : Centre de référence sur la nutrition de l'Université de Montréal
www.extenso.org

EUROPE

AFDIAG : Association française des intolérants au gluten
www.afdiag.fr

Association française pour la prévention des allergies
http://allergies.afpral.fr

Association européenne des sociétés cœliaques (en anglais seulement)
www.aoecs.org

Société belge de cœliaquie
www.sbc-asbl.be

Association Suisse romande de la cœliakie (ARC)
www.coeliakie.ch

TABLEAU des équivalences

* 1 c. à thé au Québec équivaut à 1 c. à café en France

QUÉBEC	FRANCE
Arachides	Cacahuète
Biscuit Graham	Biscuits secs (style spéculos)
Beurre d'arachide	Beurre de cacahuète
Bleuets	Myrtilles
Boisson de soya	Jus de soya
Canneberges	*Cranberries* ou airelles
Citrouille	Potiron
Craquelins	*Crackers*
Crème sure	Crème aigre (crème fraîche avec un filet de vinaigre)
Croustilles	*Chips*
Fécule de maïs	Maïzena
Filet de porc	Filet mignon
Fromage cottage	Fromage ricotta ou fromage blanc
Fromage à la crème	Kiri, St Morêt
Gomme à mâcher	*Chewing-gum*
Granola	Muesli
Gruau	Porridge
Huile de canola	Huile de colza
Lait 2 % M.G.	Lait demi-écrémé
Lime	Citron vert
Maïs soufflé	*Pop corn*
Morue fraîche	Cabillaud
Noix de Grenoble	Noix
Pacanes	Noix de pécan
Papier parchemin	Papier sulfurisé
Pépites de chocolat	Grains de chocolat
Poitrine de poulet	Blanc de volaille
Poudre levante (communément appelée « poudre à pâte »)	Levure chimique
Riz à risotto	Riz rond
Shortening	Graisse végétale
Tilapia	Cabillaud
Trempette	*Dip*
Yogourt	Yaourt

INDEX des recettes